紀念

大衛・斯泰西

1923~1993

聖經研究叢書

記號

耶穌的先知式和預示式行動

何蒙娜 著 郭靈飛 譯

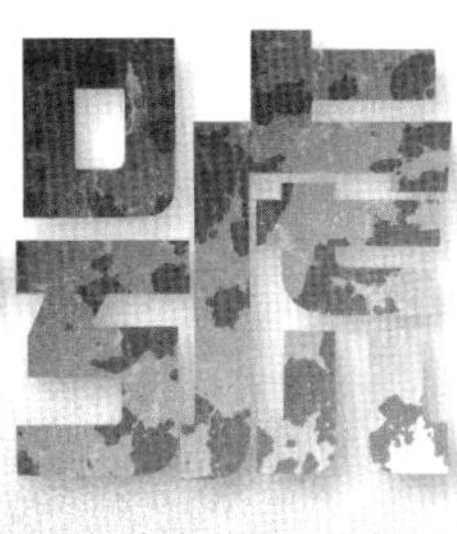

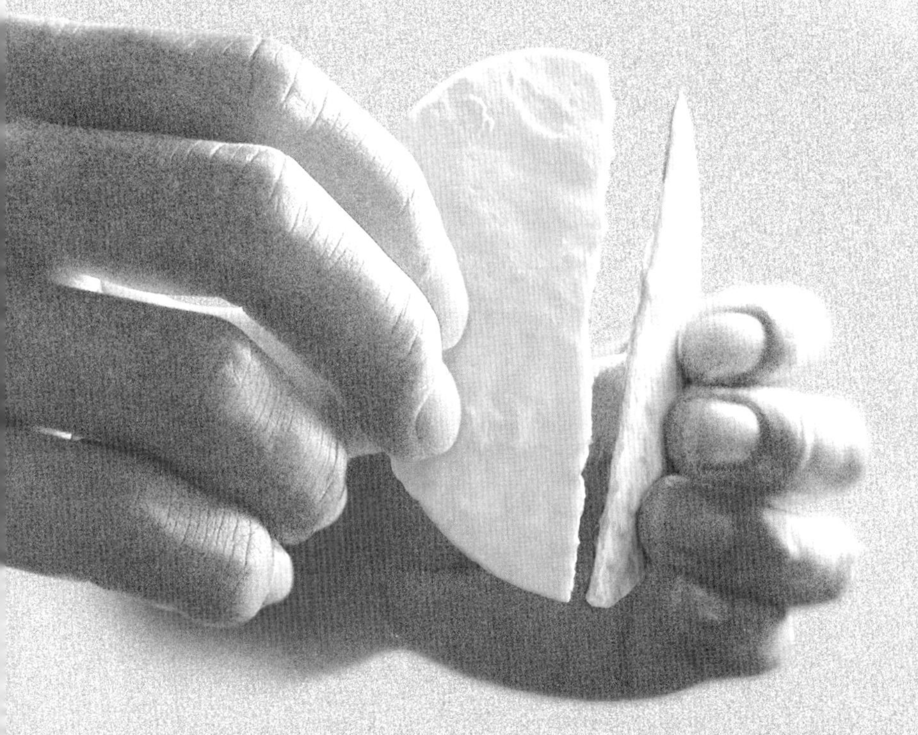

基道出版社

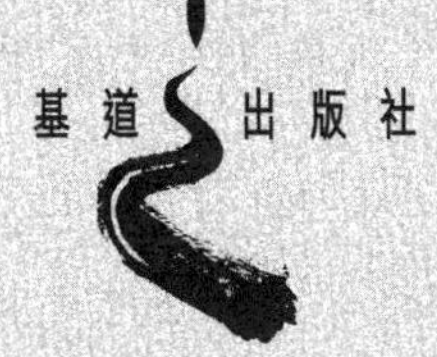

▼

聖經研究叢書

記號

耶穌的先知式和預示式行動

The Signs of a Prophet

The Prophetic Actions of Jesus

作者
何蒙娜 Morna D. Hooker

翻譯
郭靈飛

責任編輯
李慧儀

裝幀設計
李贊海

■

出版／發行
基道出版社
香港沙田火炭坳背灣街26號富騰工業中心1011室
LOGOS PUBLISHERS LTD.
Unit 1011, Fo Tan Ind. Centre, 26 Au Pui Wan St., Shatin, Hong Kong
電話：(852) 2687-0331　傳真：(852) 2687-0281
網址：http://www.logos.com.hk

承印
海洋印務有限公司

●

01/2006初版
Cat. No. LP 160
ISBN-10: 962-457-299-2
ISBN-13: 978-962-457-299-5

First published 1997 by SCM Press Ltd.
9-17 St Albans Place London NI ONX.
Under the title of : "The Signs of a Prophet: The Prophetic Actions of Jesus".

Printed in Hong Kong

目錄

前言

這本書是一九九五年二月份，在耶魯神學院(Yale Divinity School)的謝弗講論系列(Shaffer lectures)的擴充版本。我感謝神學院的教務主任及全體教職員的邀請，讓我可以發表這系列的講論。我也感謝他們在紐黑文(New Haven)款待我。這個系列也是一九九六年十月份在迪凱特(Decatur)的哥倫比亞神學院(Columbia Theological Seminary)的史密斯講論系列(Smyth lectures)的基礎。我感謝神學院的教務主任，及全體教職員的邀請及款待。

我也應該感謝一些朋友，對這本書的初稿不同部分所給予的意見。當中包括克理斯托弗．羅蘭(Christopher Rowland)、約翰．斯威特(John Sweet)、羅伯特．戈登(Robert Gordon)及安東尼．巴什(Anthony Bash)。

我丈夫所寫的書 *Prophetic Drama in the Old Testament* (Epworth Press, 1990)，激發我要寫這本書。他企圖寫出一個緒論，探討最後晚餐的行動背後的象徵意義。他已勾勒出延續上一本著作的概念，並已在一九九三年六月，以「作為預示式戲劇的最後的晚餐」為題，在皮克紀念講論(Peake Memorial Lecture)中發表出來。它首先是在 *Epworth Review*, Vol. 20, 1994年一月號出版。現得到Methodist Publishing House的批准，被載入為本書的附錄。我定意為了謝弗講論系列的緣故，探討耶穌的先知性舉動這個主題。我將探討的範圍擴闊，而不是只集中在最後晚餐上。為著大衛所帶給我的一切，僅以愛和感謝，把這本書獻給他作為一個紀念。

何蒙娜

(編按：本書採用多譯的方式處理Prophetic一字。當指到先知的特點時，譯作「先知式」；當指到預言或預告時，譯作「預示式」。敬希讀者垂注。)

縮寫表

AGAJU	Arbeiten zur Geschichte des antiken Judentums und des Urchristentums
AJT	*American Journal of Theology*
Antt.	Josephus, *The Jewish Antiquities*
Apion	Josephus, *Contra Apionem*
BETL	Bibliotheca Ephemeridum Theologicarum Lovaniensium
BW	*Biblical World*
CBQ	*Catholic Biblical Quarterly*
ETL	*Ephemerides Theologicae Lovanienses*
ExpT	*Expository Times*
JBL	*Journal of Biblical Literature*
JSNT	*Journal for the Study of the New Testament*
JSOT	*Journal for the Study of the Old Testament*
JTS	*Journal of Theological Studies*
NS	New series
NT	*Novum Testamentum*
NTS	New Testament Studies
PL	J. Migne, *Patrologia latina*
SNTS	Studiorum Novi Testamenti Societas
ST	*Studia theologica*
TDNT	*Theological Dictionary of the New Testament*
War	Josephus, *The Jewish War*
WUNT	Wissenschaftliche Untersuchungen zum Neuen Testament
ZNW	*Zeitschrift für die neutestamentliche Wissenschaft*

第一章

「這位不是那先知嗎？」

在一九九三年十一月，我的丈夫大衞·斯泰西去世前後一週及在葬禮當日，我的劍橋學院(Cambridge College)都下半旗致哀，以表達對他的敬意。我發現這簡單的下半旗儀式，是一個奇妙的引發性象徵。它不單向所有的路過的人，傳達這學院的羣體中有人去世的消息，而且也表達出，這個羣體對他的死亡的真誠傷痛，同時也表達出對他的愛和關注。

象徵行動本身有一個特別的潛力，例如是：在婚禮當中交換戒指；在洗禮中為嬰兒灑水、在聖餐禮儀中的擘餅，全都指向一個超越這個象徵本身的實體。我希望在這本書中，探討耶穌的先知式行動的意義。這是祂的生命和事工中比較被忽略的一環，雖然耶穌的先知式行動往往會被留意，[1]但仔細地談及耶穌作為一位先知的討論，卻常常專注於祂的說話。但祂**所作的**事，肯定與祂**所說**的**話**一樣重要。最近，確認這點的人愈來愈多。[2]

我開始的時候所用的例子，是特別貼切的，因為這本書建基於我丈夫所寫那本關於舊約中的預示式戲劇的書。[3]他在臨死前寫的最後的一篇文章，就是探討主的晚餐作為一齣先知性的戲劇。[4]他也曾經盼望，能寫一本進一步探討這個主題的書。我現在給你們的，並不是他那一本應該要寫的書。但我知道他會贊成我的做法，即使他可能不會贊同當中一些個別的細節。如果我有機會和他討論，我對這個主題的探討必然會更有質素。

1. 舊約中的先知式行動

我們習慣性地認為舊約的男女先知，都是用說話來表達預言的。我們用的詞語：例如「預言」、「預告」及「預示」等，都意味著一些神諭性 (oraclar) 的說話，是先知向神的子民宣告神的信息。但這些信息，有時候是透過行動，和神諭宣告出來的。[5]摩西是第一位先知，而且是最偉大的一位。他被譽為律法的頒佈者，將他在西乃山所聽到的耶和華的話語，傳給以色列人。然而，他也因著帶領以色列人，從為奴之地出來的行動，而被人紀念的。[6]撒母耳也被形容為一位先知，[7]但他被紀念，是因著他曾參與有關建立以色列王朝的事件，而不是在於任何他所說過的話。同樣地，大部分以利亞和以利沙所講的說話，都已被忘記了，而歷代志上、下所記載的，都是他們曾經行過的神蹟。後期的先知的說話，卻被搜集、編輯和記錄下來，於是他們被稱為「寫作的先知」(這種說法，其實不太準確)。即使如此，他們被記念的原因，也只是由於他們的行動部分，因為有些先知，是十分盡情地投入在一些怪異的行動中。[8]例如：以賽亞赤身到處跑、[9]耶利米公開打碎一個瓶子、[10]以西結吞吃書卷、[11]他又首先向左躺臥三百九十日，繼而又向右躺臥四十日。[12] 這些古怪行動的紀錄，可能比任何其他東西，更能表達這些怪誕的表現。這都是先知的特點。

我們會在這裏處理幾種不同類型的行動。首先，我們會把早期的先知行動 (例如摩西、以利亞和以利沙等人的行動），從那些特別是與後期的先知有關的行動中分別出來。前者是我們今日所稱之為神蹟性的行動，而後者則是我們一般認為是象徵行動。我十分懷疑，到底那些首先記錄這些故事的人，是否這樣喜歡那些行動。可能更好的講法是：一部分的先知行動，是透過事件，來傳達神聖能力的彰顯，這些事件是帶來救恩或審判的；另一部分的先知行動，卻指向一種當時還未能見到的神聖活動。第一類的例子有：摩西分開紅海的故事，以致確保以色列人逃脫，但埃及人被毀滅；[13]以利亞使一個孩子復活；[14]以利沙使乃縵得潔淨。[15]第二類的例子，就如剛才我提及過的，以賽亞、耶利米及以西結的古怪舉動；以賽亞的赤身露體，標誌著那些被亞述擄掠的國家，將要面對羞辱；[16]耶利米打破瓶子，指出耶路撒冷將要被毀；[17]以西結被命令，要向左側臥三百九十日，然後向右側臥四十日，標誌著以色列與猶大分別受懲罰的日子。有些時候，這些戲劇性的舉動，並非指向將來發生的事件，而是指向一些已經發生，或許是正在發生的事件。當以西結側臥的時候，以色列已經開始受到懲罰；何西阿娶歌蔑為妻，並且為他的子女取一些有含義的名字。在這個時候，以色列人已經對耶和華不忠了。[18]第一類的先知式行動被理解為導致神的顯現（epiphanies）。神透過先知作工，神在行動當中，彰顯自己的權能。第二類的先知性行動也是一個彰顯，但並不是神聖**能力**的直接彰顯，而是神聖**旨意**的彰顯。這些先知式行動，像先知的神諭一樣，將神的心意目的揭露出來。

我的丈夫所探討的，就是第二類的先知式行動。他不用「預示的象徵」(prophetic symbol)，或「預示式兆頭」(prophetic sign) 這些字眼，卻用「預示式戲劇」(prophetic drama) 這個字眼。這些預示式的戲劇，與我在本書開頭的時候，所提及的象徵行動的例子，是十分不同的。因為下半旗是一個很普通的象徵，所有熟悉這套習俗的人，會立刻明白它的意義。但在預示式的戲劇裏面，先知為這些行動賦予獨特的含義，否則，沒有人能夠知道它們是在傳達某些含義的。根據他自己的分析，大衛爭辯說，用一般的方法解釋這些戲劇性行動，是不足夠的。它們不應該被理解為純粹視覺上的輔助(一個圖解，或者是「有行動的比喻」)，只是讓先知的觀眾們，能夠用一個容易記憶方式，去徹底了解先知的信息的含義。它們不應該被視為魔術道具，令它們所象徵的事件發生。它們是不能**導致**事情發生的！[19]相反，這些行動是事實真相的呈現，將神聖心意裏面已經有的東西，揭露出來。先知的神諭、預示式戲劇、歷史性陳述，以及文字的記載，是顯示一件事件的方式。而事件的源頭和因由，都是出於耶和華。戲劇、神諭、事件及記載，全都是一個實體的不同形態。我相信，大衛所提及的先知式行動，也可以延伸至天啟式的異象(apocalyptic vision)，因為先知式行動還有另一種的形態，那就是神聖目的心意的另一個彰顯模式：這個異象向接收者啟示一個超越時間和地點的現實。它不單揭露有一天將會發生的事件，也揭露已經存在於天上的真相。所以，神的心意目的，是以不同的形式啟示出來的。這些形式包括：先知式的神諭、[20]戲劇性的行動，以及天啟式的異象。每一種形式，都用它自己的方式宣告：「事情**正是**這樣。」每一種形式，都彰顯出背後神聖的心意。惟有當神的旨意有所改變的時候，未來才可以有所不同，[21]可能這是因著人悔改的緣故。這並不是說這些先知式的行動，出了錯誤。奉主名所說的神諭、預示式的戲劇，以及異象，都是真實的，因為它們表代了一個存在於神裏面的現實。[22]

到目前為止，我們所探討過的每一種先知式行動，無論是「神蹟」，還是「預示式戲劇」，它們都是神聖能力的彰顯。由於神蹟與神聖的行動，是同時發生，以致帶出救恩，或者是審判，所以預示式戲劇是超越本身，指向神將要成就的心意目的。

然而，聖經中還有第三類的先知式行動。我們可以稱它為一種「鑑定性的神蹟」(authenticating miracle)，或者是「證據」(proof)。當然，在第一類的先知式行動中，那些神蹟，對那些理解其含義的人來說，也是神聖活動的證據。例如：當以色列人被法老的軍隊追趕的時候，摩西告訴那些在恐慌當中的以色列人說，只管站住，看耶和華今天向你們所要施行的救恩。[23]但在這裏，**拯救**是比**證據**更首要的。然而，在其他的處境中，神給先知或透過先知表達的一個記號(sign)，為的是要確立，祂就是那位真神，而且祂在這位特定的人身上作工，好使這位先知所說的，都能夠實現。所以，摩西堅持他需要一些憑據，以說服他的百姓，他是神的工具。神給他三個兆頭：手杖變成蛇、一隻手生痲瘋、水變成血。[24]當基甸所預備的祭牲，被神蹟地燒毀的時候，他就被說服，接受自己是耶和華所差派的。[25]以利亞的祭牲，也是差不多以同樣的方式，在迦密山被火燒毀，引發以色列人承認耶和華是神。[26]以賽亞呼求耶和華，將天上的太陽移動往後退，作為給希西家病得痊癒的兆頭。[27]在以上所有處境的兆頭中，都牽涉神聖的直接干預。

有些驗證性的兆頭，卻沒有這樣感人。當撒母耳膏立掃羅王的時候，他保證掃羅會有一連串的兆頭，是關乎他在歸家路上所碰見的人的。[28]當耶路撒冷被圍攻的時候，以賽亞告訴亞哈斯，要向神求一個兆頭。亞哈斯拒絕以後，以賽亞就給他一個兆頭：有一個女人，會懷孕生子，並給他起名叫以馬內利。在這孩子還不曉得擇善棄惡之先，那兩個威脅耶路撒冷的帝國，必變得荒蕪。[29]所有這些兆頭的重要性，可見於事情是完全精確地，按著先知所預言的發生。[30]一位先知的說話是否應驗，是一個指標，證明這位先知是否奉主的名說話，不管它們是直接提及神未來的拯救行動、審判，還是要驗證這先知和他的說話。[31]但與其他兩種先知式行動不同的地方，就是它們既不**影響**救恩，或者毀壞的行動，也不**標誌著**神對祂的百姓的心意目的。[32] 它只不過是略為證實這先知的履歷表而已。

2.「預言的休止」

我們現在轉而探討耶穌時代，並當時的先知式人物有何表現。但首先我們要處理一個更重要的問題：到底這個時代，**有沒有**任何的先知式人物呢？很多人認為，第二個聖殿期的猶太人，相信預言在過去的某個時期已經止息了。支持這個觀點的最常引用的經文，就是Tosefta Sotah（〈土西他〉）13.2：「自從幾位後期先知哈該、撒迦利亞和瑪拉基去世之後，聖靈就停止向以色列人說話。雖然如此，以色列人是可以聽到一個*bath-qol*（從天發出聲音）。」早期的經文，也被視為有同樣的看法。例如：在撒迦利亞書十三章2至6節似乎認為所有聲稱是預言的說話，都是假的；詩篇七十四篇9節哀嘆說：「我們不見我們的標幟，不再有先知。」；在《馬加比一書》（1 Macc.）4.44～46中，猶大及其跟隨者，決定要拆毀聖殿中，被污染了的祭壇，將石頭藏在一個方便的地方，直至有一位先知來到，告訴他們應該怎樣處置這些石頭。另外，在《馬加比一書》中，我們發現當中有提及到，過去有一段時間，以色列是沒有先知出現的，[33]而且又提及將來會有一位值得信任的先知會興起。[34] 在約瑟夫（Josephus）的專文《反駁阿皮安》（*Against Apion*）裏面，他提及「未能嚴格地履行先知的繼承職務」。[35]

在耶穌時代，有一個普遍的信念，認為預言已經止息了。但在最近，這個說法已經受到挑戰。然而，現在似乎可以清晰的一點，就是沒有這樣的一條普遍性教條。反而當中有一個懷舊的信念，就是現在再沒有任何先知**像以前的先知**。[36]在寫出來的文字預言，與一種不間斷的活動形式的預言，兩者之間應該要作出一個很重要的區分。隨著正典慢慢的成形，「寫出來」的先知已不復存在。寫出來的說話，能夠被接納為權威的惟一方式，就是把它作為早期先知的說話。從**這個**意義來說，在地上真的是再沒有先知了。這就是約瑟夫所提及的，也是Tosefta Sotah區分聖靈與*bath-qol*的原因。聖經的權威，被視為比任何以後來的神諭來得更加重要。但意思並不是說，先知式的人物不會興起。至於預言已經完全止息的論點，一些曾經被用作支持這個論點的文章，亦有需要再被評估。因為當中每一篇的文章，都提及到其獨特的處境。在撒迦利亞書十三章中，被定罪的先知們，是與污穢的靈和偶像有關係的，所以要與拜偶像的人一併被除掉。詩篇七十四篇的哀嘆，是屬於耶路撒冷已經被毀的時期，它可能是在被擄時期寫於耶路撒冷的。作者顯然不知道，以西結及第二以賽亞在巴比倫的活動。在《馬加比一書》中，有三次參考引用語，承認當時已經再沒有先知了，但卻是滿有信心地，期待將來會出現一位先知。

《馬加比一書》所期待的人物，只不過是「一位先知」。[37] 但在某些階段裏面，對將來的盼望的界定，似乎是更加的狹窄，而且只是把焦點，放在某一個特定的人物身上。部分的原因，可能是因為還未有一位被確認的先知出現。雖然，在這段時間裏面，預言已經止息的觀念，還是不十分普遍。然而，在瑪拉基至施洗約翰期間，實在是沒有任何先知的記錄。[38] 即使當中曾經有先知出現過，如果他們的名字沒有被記錄下來的話，他們所達到的境界，肯定是不及以前的先知的。無論原因是甚麼，人們對先知的期望，肯定是很嚴格的。例如，在昆蘭的材料中，我們得知那個社區，正是期待著「那一位先知」，與亞倫和以色列的彌賽亞，一同降臨。[39] 這個期待，在第四福音書中，可以找到證據。在這卷書當中，最少有三次提及「那些先知」。在約翰福音一章21節裏面，施洗約翰否認自己就是那位先知，在六章14節及七章40節裏面，羣眾的總結是：耶穌就是那位要來的先知。[40] 這些參考的經文，是否反映出基督來臨之前的階段的期待呢？這位先知**是**誰呢？他是否單單只是「末世的先知」？還是人們對他，其實有更清楚且被界定的期望呢？昆蘭材料給我們更進一步的提示：在名為《見證集》（*Testimonia*）[41] 的經文的簡短選集中，我們發現舊約的經文被解釋為指向先知和兩位彌賽亞的。其中一段指到先知的經文，是在申命記十八章18節及後，神對摩西說：「給以色列人興起一位先知像你。」[42] 同樣的經文，也出現於使徒行傳三章22節及七章37節。第四福音書的六章14節，有提及那位先知，這是緊隨著餵飽羣眾的神蹟之後的。在這一章的下半部，作者將耶穌所賜的餅，與給以色列人在曠野，透過摩西所得的嗎哪，作一個類比。如果耶穌被認為是「那位要來到世界的先知」，很明顯是因為祂「像摩西」。當然，我們不必要倚賴第四福音書，[43]以及使徒行傳，作為基督來臨之前的信仰憑據。然而，昆蘭的經文，以及撒瑪利亞人對將來那位似摩西的復興者的信念，[44]都認為在某些猶太人的圈子中，是擁有一個盼望，將來會出現一位像摩西的先知。[45]

另一種形式的末世性的盼望，是與再來的以利亞有關聯的。第一個憑據，是在瑪拉基書四章5節，那位為主預備道路的使者(瑪三1)，就是以利亞。除了這段經文，以及基於這段經文的《便西拉智訓》(Sirach) 48.10以外，再沒有證據顯示，在基督來臨前的階段裏面，有這一種獨特的期待。我們發現，在後期的猶太文學，以及新約本身的符類福音書中，耶穌的説話確認了，施洗約翰就是那位再來的以利亞。[46]而且在第四福音書中，施洗約翰清楚地否認，自己是那位再來的以利亞。[47]在符類福音的故事中，有兩次提及，耶穌本身可能就是，那位再來的以利亞。在這兩個場合裏面的羣眾認為，耶穌是復活了的施洗約翰，或者是復活了的以利亞，又或者是另一位先知。[48]這一切的資料都顯示，以利亞再來的概念，在第一世紀的猶太教中間，已經十分流行了。

在公元後第一世紀的早期，似乎多年來，都沒有任何重要的先知出現過。如果現在有一位先知出現的話，這位先知會被視為，是一位偉大的先知，好像昔日的先知一樣。或者，他會被視為一位末世性的人物。如果是後者的話，這位先知會被設想為，**那位**像摩西的先知，正如在申命記十八章所應許的(我們現在，是這樣理解這段經文的)。又或者，他會被設想為，那位再來的以利亞，正如在瑪拉基書四章5節中所預告的。[49]

現在，我們要回到原先的問題。我們要問，耶穌時代的先知式人物，會有甚麼表現呢？除了耶穌自己以外，我們會考慮的人物，包括有施洗約翰，以及所謂「行神蹟的先知」。

3. 施洗約翰

毫無疑問，所有的福音書作者，都認為施洗約翰是一位先知。如果我們要相信他們的記載的話，施洗約翰也把自己的角色，視為一個先知性的角色。他的衣著和他的食物，都確認他是一位先知。他的衣著，更加把他與以利亞扯上關係。[50]關於約翰，最重要的一點，就是他為人施洗的行動，成為了他的名字的一部分。這些行動，重要到一個地步，馬可形容施洗約翰為「宣講的洗禮」。馬可界定這個洗禮，為一個「悔改赦罪的洗禮」。悔改的需要，與那位在約翰以後來的一位，兩者被連接起來。這位以後來的那一位，將會用聖靈施洗。關於對約翰傳道的簡短記載，馬太和路加作了一個補充。然而，他們都明白，為了約翰以後來的那一位作預備，約翰叫人悔改的信息，是有需要的。那些回應施洗約翰的呼召的人，才是亞伯拉罕的真兒子，也是與神立約的羣體中的成員。[51]第四福音書，雖然沒有形容約翰的施洗活動，但卻是重複地提及。[52]在這裏，約翰的洗禮，是沒有與悔改或赦罪，連接起來的。[53]而施洗約翰的功用，只不過是指向耶穌而已。[54]有人問施洗約翰，既然他不是彌賽亞，不是以利亞，也不是那一位先知，那麼，為何他要施洗呢？施洗約翰的答案，便是將自己的施洗，與那要來的一位拉上關係。因此，在四卷福音書中，約翰的洗禮，被認為是為那一位接著他來臨，而且比他更偉大的一位作好準備。

約瑟夫也在他的《猶大古史》(*Antiquities*)[55]中，稱施洗約翰為「那位施洗者」(The Baptist)。但約瑟夫對他的角色的理解，是十分不同的。約瑟夫認為，他是一個好人，「他規勸猶太人，要過公義的生活，各人要向鄰舍行公義，對神要敬虔」。約瑟夫認為，洗禮**不是**罪得赦免的途徑。當人的靈魂，已經因著公義的行為，而得到潔淨之後，洗禮就是使身體得到潔淨的途徑。約瑟夫在這裏，完全沒有提及耶穌，或者是任何未來的人物。所以，約翰的作用，是完全沒有為別人作準備的意味。

我們是否可能，在這些不同的記載背後，找出「真正」

的施洗約翰，發現他是如何看自己的角色的呢？在一方面，福音書作者們很熱切地把約翰從屬於耶穌之下。在某程度上面，我們覺得他們是歪曲了證據。這個肯定就是第四福音書的情況。在這裏，當施洗約翰被問及，他為何要施洗的時候，他惟一的答案，就是指向那在他以後來的那一位。[56]然而，在另一方面，約瑟夫的記載，也令人產生懷疑。因為，如果約翰的洗禮，是與赦罪無關，而只有潔淨身體的功用，那麼，這個洗禮與正常的潔淨禮儀，又有甚麼分別呢？為甚麼猶太人要聯羣結隊地接受約翰的施洗呢？為甚麼這個洗禮，被記念為他宣講中的主要特色呢？

如果我們再詳細分析約瑟夫對約翰的宣講的描述，我們會發現，他的描述實質上比我們想像的，更加接近符類福音的記載。首先，我們發現約瑟夫所強調的，是約翰在道德方面的教訓。這一點是與馬太和路加福音中的重要元素，是一致的。第二方面，約瑟夫告訴我們，約翰鼓勵猶太人「參加洗禮」。我們可能會期望，他單單會用「接受洗禮」的字眼，相反，他用「參加洗禮」的字眼，是帶有「來聚在一起」的含義的。[57]這裏至少給了我們一個提示，他認為約翰的洗禮，是在創建一個新的羣體。因此，約翰也擁有某種終末性的角色。這就是希律害怕會引發百姓暴亂的原因，所以他把施洗約翰囚禁了。第三方面，雖然約瑟夫否認，約翰的洗禮本身是罪得赦免的途徑，但他同時也強調，公義的行為是接受洗禮的必要條件。身體的潔淨，只是先前靈魂得潔淨的標記而已。我們在加入昆蘭羣體的規條（*the Community Rule*）中，可以找到類似的關聯：

> 他的罪要被潔淨，透過聖潔的靈，與〔神的〕真理聯合。再者，他的罪孽，要因著正直與謙卑的靈，而得以補贖。當他的肉體，被使人淨化的水所灑，被使人潔淨的水所聖化的時候，他的靈魂會謙卑順服，在神所有的誡律之下，他就得以潔淨了。[58]

所有的資料來源，都很清楚顯明一點，就是約翰是替人施洗的。他被人紀念，基本上是因為他**曾經這樣作**。至於他的宣講內容，他明確要求公義，而這個要求，與呼召人接受洗禮，也有一些關係。對公義和洗禮儀式的要求，兩者似乎都帶著終末性的方針。換句話說：約翰是在宣講一個將來的審判，邪惡的人要受刑罰，神的真正子民，將會得到救恩。

那麼，約翰的洗禮，有甚麼意義呢？我們在這裏，不能討論這個洗禮的可能成因。到底它是源自歸化猶太教的外邦人的洗禮，還是源自昆蘭羣體的潔淨儀式呢？這兩個禮儀，都不是完全類似的。然而，兩者都認為，洗禮是從不潔淨當中，得到淨化的有效方式。這種禮儀，比喻性地應用在道德的潔淨上，明顯是有可能的，因為罪被認為是一種不潔淨。這種語言的表達方式，是源於先知和詩篇的作者的。以賽亞大聲疾呼：「你們要清洗自己，使你們得到潔淨。」他的說話，不單是要求他的聽眾，除掉他們手上所滴下來的血，因為他繼續說：

要止住作惡，學習行善，
尋求公平，解救受欺壓的，
給孤兒伸冤，為寡婦辨屈。[59]

詩篇的作者，在懇求神赦免的時候，作出以下的祈禱：

求你用牛膝草潔淨我，我就乾淨；
求你洗滌我，我就比雪更白。
求你掩面不看我的罪，
塗抹我一切的罪孽。
神啊，求你為我造清潔的心，
使我裏面重新有正直的靈。[60]

在以西結書裏面，有一段經文，是描述神將要行的事：

我必從各國收取你們，從列邦聚集你們，引導你們歸回本地。我必用清水灑在你們身上，你們就潔淨了。我要潔淨你們，使你們脫離一切的污穢，棄掉一切的偶像。我也要賜給你們一個新心，將新靈放在你們裏面。又從你們的肉體中除掉石心，賜給你們肉心。我必將我的靈放在你們裏面，使你們順從我的律例，謹守遵行我的典章。[61]

施洗約翰與其他當代的人，都應該很熟悉這些概念。

約翰出現在約旦河谷，宣講悔改之道，在河裏為眾男女施洗。他被認是一位先知，他的洗禮也被認為是一種先知式的行動。以水施洗是象徵屬靈的潔淨。所以，馬可稱它是赦罪的洗禮，是正確的形容。然而，這個洗禮有更多的意義。我們四位福音書作者都一致認為，約翰用水施洗，是向前指著聖靈的洗。馬太和路加，有意義地加上「與火」的字眼，是指到審判的意思。福音書作者們明顯是要把這兩個洗禮，作一個對比，因為他們要熱切地強調，耶穌的洗禮是更加超越的。然而，兩個洗禮並非可以任擇其一，以水施洗，顯明以聖靈施洗是不可避免的。因此，約翰以水施洗，是一個預示式的兆頭，指出那位接著他來的，將會用聖靈施洗。[62]約翰的信息，是針對整個以色列民族的。事實上，猶太全地，以及耶路撒冷所有的居民，都回應他的呼召，接受了洗禮，[63]因為他的信息，是指向神將來對祂的所有子民的審判。在那個時候，公義的人會被聖靈所清洗，被火所煉淨，[64]邪惡的人會被毀滅。正如以賽亞的赤身露體，與耶利米的瓦瓶一樣，約翰的洗禮是**戲劇性地表達隨後必然會發生的事**。這個可能就是，洗禮被基督徒運動所採用的原因。這也是在早期基督教傳統中，洗禮與聖靈恩賜，被緊緊地連接起來的原因。雖然，水的洗禮和聖靈的洗禮，在關於約翰的傳統裏面，它們似乎是另一個選擇，但其實，它們都是彼此相屬的。前者是後者的記號或表記。[65]

4.「行神蹟的先知」

現在，我們來探討先知性的人物，他們往往被現代學者稱為「行神蹟的先知」。[66]這樣的形容，並不是完全正確的，因為沒有任何記錄顯示，他們真正有行過神蹟。然而，他們卻**應許**過會行神蹟。我們對他們的認識，是來自約瑟夫的。他們都是公元後四十四至七十年之間的人物，即是在耶穌的事工**之後**。然而，他們讓我們知道，我們可以對第一世紀的預示式人物，有甚麼期望。約瑟夫把他們都當作騙子。[67]其中有兩個人，宣稱自己是先知，而且曾經答應，會行一些特別的神蹟(雖然兩人都沒有用*sēmeion*〔意即神蹟〕這個字眼)。第一個是丟太(Theudas)，使徒行傳五章36節曾簡單地提及過他。他在公元後四十四年左右出現。他帶領其跟隨者，到約旦河邊，並且應許，他會使河水分開。這羣人最後落在羅馬人的手中，有的被屠殺，有的則被捕。[68]另外還有一位不知名的埃及人。他在費利克斯年間(time of Felix，公元後52～60年)，帶領其跟隨者到橄欖山上，聲稱自己能夠命令耶路撒冷的城牆倒塌下來。[69]他們同樣被羅馬人所控制了。如果，這些神蹟真的能夠成就的話，它們會比得上出埃及記的故事，本身就算是一個拯救性的行動了。

其他的先知式人物被形容為，答應行「神蹟和奇事」的人。約瑟夫指他們為「冒充者和騙子」，他們在公元後五十年間，帶領一羣烏合之眾，進入沙漠裏面，答應給他們「拯救的神蹟」。[70] 在公元後七十年，耶路撒冷被圍攻的期間，有另一位不知名的先知，呼籲百姓走到聖殿那裏，等候「拯救的神蹟」。[71] 在公元後七十年間，奮鋭黨的喬納森（the Zealot Jonathan）帶領他的跟隨者，進入沙漠裏面，答應向他們顯示「神蹟和特異景象」。[72]這次的運動，再一次被羅馬人所征服了。在所有記錄當中，先知們都答應行*sēmeion*，然而，這些神蹟實際上是怎樣的，我們卻找不到記載。[73]由於其中兩位先知，曾經進入沙漠裏面，人們往往假設，他們會行出以前摩西在那裏所行的神蹟。但麗貝卡．格雷（Rebecca Gray），在她近期的一本著作中提出，約瑟夫在提到出埃及的傳統時，他是以一個很特別的方式，來使用*sēmeia*這個字眼。[74]她指出，七十士譯本（LXX）用這個字眼，來形容出埃及時期的偉大神蹟，例如是疫災、海水分開、在曠野供應食物和水。但約瑟夫卻只用這個字眼，來形容在燃燒的荊棘叢中，那三個給摩西的神蹟。[75] 摩西在説服希伯來人，以及會見法老的時候，都需要用到這些神蹟，以證明他是神差派來的。他學習如何將他的杖，變成一條蛇；將他的手，變成白色，然後將它改變，回復正常的樣子，他又學習如何使水變酒。[76]

換句話說，當約瑟夫用*sēmeion*這個字的時候，他是指到，我之前所提及的「鑑定性的神蹟」或者是「證據」。那些應許要行神蹟的人，是要企圖去證實，他有神聖的權柄去實踐其使命的。另一方面，丟太與那位埃及人，宣稱約旦的水會分開，耶路撒冷的城牆會倒塌，應該能夠直接地彰顯神聖的能力。我在較早之前，稱這種先知性行動為「神的顯現」。[77]

將這些不同的人物聯合起來的的共通點，是他們都承諾，要作出某種的行動。因為他們都未能成就他們所承諾的，所以很明顯，他們都是假冒的。[78]

5. 耶穌

最後，我們回到耶穌身上。耶穌也像約翰一樣，被祂當代的人，視為一位先知。這一點是毫無疑問的。甚至福音書作者們，都明顯地認為，耶穌遠超過一位先知，並且，先知的任命不足以表達祂的身分。他們的福音書，包括了很多痕迹，顯示了一個以這亮光來看耶穌的傳統。馬可曾經兩次總結普羅大眾對耶穌的回應。他告訴我們，耶穌當代的人，都以耶穌為某一類的先知，雖然他們不肯定，耶穌是屬於哪一類先知。耶穌可能是過去的先知，再次臨到他們中間。祂又有可能是，從死裏復活的施洗約翰，又或者是以利亞，甚至是其他們先知中的一個。[79]祂又有可能是一位**新的**先知，與以前的先知一樣，有同等的地位。[80]馬可的總結性句子，是有其他經文支持的。例如：在馬太福音二十一章11節，羣眾形容耶穌是：「這是加利利拿撒勒的先知耶穌。」[81]在路加福音七章16節，羣眾也聲稱：「有大先知在我們中間興起來了！」在路加福音二十四章19節中，耶穌的兩位跟隨者，指出「祂是個先知，説話行事都有大能」。在路加福音七章39節中，耶穌被人棄絕，以祂為一位假先知。在馬可福音十四章65節，耶穌被戲弄，也被看為是假先知。[82]在馬可福音六章4節，路加福音四章24節及十三章33節裏面，耶穌稱祂自己為一位先知。[83]在第四福音書裏，也有記載普羅大眾，認為耶穌是先知的看法。[84]當中有兩個場合，耶穌是被稱為「**那位**先知」的。[85]在使徒行傳裏面，彼得和史提反都認為，申命記十八章18節上面的預言，提及神會興起另一位像摩西的先知，這預言已經在耶穌身上應驗了。[86]在一段著名的他勒目（Talmud）的經文裏面指出，耶穌的死，是因為祂被指控為行巫術，並且帶領以色列人走錯路。它也告訴我們，雖然耶穌在逾越節的前夕，已經被釘十字架了，但事實上，按著申命記十三章8節所記載的，耶穌是應該被石頭打死的，因為祂是一個騙子。申命記十三章1至11節是一段，警告迷惑百姓的假先知的經文。[87]

遠在一九三〇年，多德（C. H. Dodd）出版了一篇著名的文章，提出了耶穌事工的十五個特點。這些特點，會引導百姓把祂看成為一位先知。[88]當中包括了，耶穌富有權柄的教訓、祂的呼召感、祂所擁有的屬靈洞察力，以及祂的象徵性行動。當我們更深入的研讀剛才我所列舉的經文，我們發現，它們全部都與多德所列出的主題有關。在馬可福音六章，路加福音四章和十三章，耶穌自己所講的說話，提及祂自己的呼召，並且百姓拒絕祂的呼召，正如使徒行傳七章所說的。馬可福音十四章65節，路加福音七章39節，以及約翰福音四章19節，這三篇經文都認為，其他人**期望**耶穌的行為，能夠有先知的洞察力。然而，在旁觀者的眼中，耶穌的表現，是令人失望的。馬太福音二十一章46節、約翰福音七章40節，以及使徒行傳三章22節，都是以耶穌的教訓為背景的。路加福音二十四章19節形容耶穌為一位「說話行事都大有能的先知」。然而，有大部分經文是提及耶穌所行的事，或是與耶穌**的事蹟**記錄平排的，例如：馬可福音六章4節、六章15節與其平行經文，八章28節與其平行經文；馬太福音二十一章11節；路加福音四章24節，七章16節，與二十四章19節；約翰福音六章14節，與九章17節。耶穌被認為是一位先知，不單是因為祂**說話**像先知，而是因為祂的**行為**像一位先知。所以，我們有足夠的理由，去更深入的探討祂的事蹟，特別是那些被形容為先知式的「神蹟」，或是「戲劇」。

註釋：

1. 見，例如：J. W. Bowker, 'Prophetic Action and Sacramental Form'。

2. 特別參考，A. E. Harey 他討論一些耶穌的先知性行動的意義，*Jesus and the Constraints of History*, 57～62, 120～153。E. P. Sanders其討論，是以一個關於耶穌**所作的事**的傳統作為開始，而不是用**祂所說的話**：*Jesus and Judaism*，這點是重要的。

3. W. D. Stacey, *Prophetic Drama in the Old Testament.*

4. W. D. Stacey, 'The Lord's Supper as Prophetic Drama'.

5. 希伯來字*nb'*的動詞的*hithpa'el*是「說預言」，通常指到是一種瘋狂的行動或行為表現。比較撒上十5及後，十九20及後，十八10。

6. 比較何十二13：「耶和華藉先知領以色列從埃及上來，以色列也藉先知而得保存。」

7. 撒上三20。

8. 在公元前十八世紀（Text 206），Mari有一個先知的記錄，他有更異於尋常的行動。他被指曾經吞吃了一隻活生生的羊，然後宣佈一個危及國家的吞噬會來臨。請參考R. P. Gordon, 'From Mari to Moses: Prophecy at Mari and an Ancient Israel', 69。

9. 賽二十章。

10. 耶十九章。

11. 結二9～三3。

12. 結四4～6。

13. 出十四10～31。

14. 王上十七17～24。

15. 王下五1～19。

16. 賽二十4。

17. 耶十九11。

18. 何一2～8。

19. 對比對先知式行動普遍的解釋。提出者是J. W. Bower, 'Prophetic Action and Sacramental Form', 130：「一個先知式的行動，是在現實當中釋放神的能力。祂的活動正在運行，這是一個不可逆轉的處境。這就正如我把球踢向玻璃窗，大災難是擋不了的。我也可以說，這個窗已經破碎了。然而，我們仍然要等，這塊玻璃被撞擊砸碎的一刻⋯⋯因此，一個先知式行動不是一個預測，這是釋放一個不可逃避的處境。沒有事物可以阻擋。」

20. 比較Anthony Thiselton, 'The Supposed Power of Words in the Biblical Writings'關於話語的「能力」的討論。他攻擊一個信念，認為神的話語的力量，是基於某種「文字的魔力」，因此**所有**的文字都有力量。神的話語有力量，因為它是從神而來的，是憑著祂的權柄說出來的。特別參考賽五十五6～11。也比較W. Houston, 'What Did the Prophets Think They Were Doing? Speech Acts and Prophetic Discourse in the Old Testament'。

21. 有一些有趣的例子，是關於神自己「悔悟」祂毀滅的計劃。比較摩七1～6(一個先知性的異象)；拿三1～10(一個神諭)；耶十八1～8(一個戲劇性的兆頭)。

22. W. D. Stacey, Prophetic Drama in the Old Testament, 260～282.

23. 出十四13。

24. 出四1～9。

25. 士六17～22。

26. 王上十八30～39。

27. 王下二十5～11。

28. 撒上十1～9。

29. 賽七10～17，參考W. D. Stacey, *Isaiah* 1～39, 55～57。

30. 我們這裏不處理，那些發生了的，或是後來被先知解釋了的預示。

31. 申十八15～22。

32. 賽七10～17是一個例外。神給亞哈斯的兆頭，本身是一個以色列得救恩的標記。即使先知沒有採取任何行動(除非這孩子有可能是他的)，那個孩子的出生、命名和成長，是被當作一個預示式的戲劇。

33. 《瑪加比一書》9.27。

34. 《瑪加比一書》14.41。

35. 《反駁阿皮安》1.41。

36. 參考R. Leivestad, 'Das Dogma von der Prophetenlosen Zeit'; A. E. Harvey, *Jesus and the Constraints of History*, 58及後；John Barton, *Oracles of God*, 105～106; Thomas W. Overholt, 'The End of Prophecy: No Players without a Program'; Rebecca Gray, *Prophetic Figures in Late Second Temple Jewish Palestine: The Evidence from Josephus,* 7～34; Jacob Neusner,

'What "the Rabbis" Thought: A Method and a Result. One Statement on Prophecy in Rabbinic Judaism'; Frederick E. Greenspahn, 'Why Prophecy Ceased'。另一方面，Louis H. Feldman, 'Prophets and Prophecy in Josephus' 繼續爭持說，約瑟夫認為預言已經停止，雖然他同意這是一個較少數人的意見，並不是普遍的看法。

37. Philo, *De Spec. Leg.* 1.65, 也是這樣。

38. 這個規則的例外，只是要證明這一點。約瑟夫本人提及，在愛色尼人當中，有一些是我們可以之稱為「先知」的人物，但他用*mantis*這個字眼來稱呼他們，而不用*prophētē*。那位昆蘭的老師可能是一位先知性人物，但我們對他幾乎是一無所知。亞拿在聖殿中，歡迎嬰孩耶穌。她在路加福音被形容為，是一位女先知（路二36～38），因為亞拿的歡迎行動，是與西面成一個類比。似乎路加也視他為一位先知。由於路加把耶穌的出生，與聖靈的活動聯繫起來。他會自然地稱其中一位被聖靈感動的人，為一位女先知。瑪利亞（或伊利沙伯，根據一些拉丁古卷，以及幾本教父的著作）與撒迦利亞，當他們突然發出讚美的詩歌時，都是在運用相似的先知角色。

39. I QS 9.11.

40. 我們可能應該加上約七52，當中的P66和P75兩處都是用*ho prophētēs*。Raymond Brown 接受這個是原本的材料（*The Gospel according to Jone I-XII,* 325）。

41. IV Q 175.

42. 這段文章似乎原先是指到，摩西之後的先知繼任，但最終被理解為那位末世性先知。

43. 有些討論是關於，第四福音書的作者，如何使用這些意念，把與他同期的猶太人的信念拉上關係。參考J. L. Martyn, *History and Theology in the Fourth Gospel,* 102～128。

44. 比較J. A. Montgomery, *The Samaritians,* 243～250；J. Macdonald, *The Theology of the Smaritians,* 359～371。

45. 有些學者認為，在第二以賽亞書中的僕人，是受一個盼望所影響。這盼望是等候一位像摩西的先知。參考例如是：A. Bentzen, *King and Messiah,* 65～67，在耶一7、9，耶利米的呼召似乎是用申十八18的模式，但因為申十八15～18的日期是不確定的，所以其影響可能是相反方向的。

46. 可九11～13//太十七10～12；太十一14。比較路一17。在可十五35及後//太二十七47～49，以利亞是被視為一位幫助有需要的人，所以他有可能來拯救耶穌。有一個諷刺的地方是：在馬可和馬太福音中，以利亞已經被認為是透過約翰來了，而且是被置於死地了。

47. 約一21、25。在兩節經文裏面，以利亞是清楚地與「那先知」分別出來的。

48. 可六14及後//路九7及後；可八27及後//太十六13及後//路九18及後

49. 對於不同種類的期望，也參考Howard M. Teeple, *The Mosaic Eschatological Prophet*。

50. 王下一8。

51. 太三9//路三8。

52. 約一25及後、28、31、33，三23，四1，十40。

53. 這是與四福音書其餘的部分一致的，因為除了二十23之外，其他地方再沒有提及悔改赦免。

54. 約一6～9、15、19～34，三25～30，五33～55。

55. *Antt*. 18.116～119.

56. 約一26及後。

57. 他用的片語是*baptismōi sunienai.*

58. I QS 3. 也比較I QS 4「祂用聖潔的靈，潔淨他所有的邪惡的行為。祂會流出真理的靈來，像潔淨的水一樣，(去潔淨他) 所有令人厭惡的事與不公義。他會投入潔淨的靈裏面，以致他可以教導那正直人，認識至高者，又教導他們天堂之子的智慧，去走完全的道路。因為神已經揀選他們，與他們訂立永遠的約，亞當的一切榮耀，全都屬於他們。

59. 賽一16及後。

60. 詩篇五十一7、9及後。

61. 結三十六24～27。

62. 在約十41，作者告訴我們，羣眾評論「約翰沒有給我們神蹟」。這是否傳道者的一個諷刺性的評論呢？還是他要保留*sēmeion*這個字給耶穌的行動呢？由於洗禮只是順便提起的 (參考上面註釋52)，後者似乎是更有可能的答案。參考下面第四章註釋4。

63. 可一5；太三5。

64. 火可以淨化和毀滅，參考賽四4；瑪三2。兩段經文都將清洗與淨化結合起來。

65. 比較徒二38，八15～17，十47，十九1～6；林前六11，十二13；多三5及後；約三5。

66. 這個綽號似乎是P. W. Barnett所創造的。參考'The Jewish Sign Prophets—AD 40-70—Their intention and Orgin'。

67. 他所用的字眼包括*goēs, pseudoprophētēs, planoi*和*apatiōnes*。

68. *Antt.* 20.97-99.

69. *Antt.* 20.169-172. 在*War* 2.261-263中，有一個頗不同的記載。

70. *Antt.* 20.168；*War* 2.258-260.

71. *War* 6.283-287.

72. *War* 7.437-441.

73. 比較那些提及假先知的記述，他們行神蹟和奇事，目的是要欺騙人。太二十四24//可十三22。「神蹟的先知」全都是比耶穌更後期的。但在這方面，福音書作者可能心中會想起其中一些先知。

74. Rebecca Gray, *Prophetic Figures in Late Second Temple Jewish Palestine,* 112～144.

75. 在*Antt.* 2.327中出現一個可能的例外，但它是含糊不清的。

76. *Antt.* 2.274, 276, 280, 283, 284.

77. O. Betz, 'Miracles in the Writings of Flavius Josephus'，頁223及後有類似的分別。

78. 申十八22。

79. 太十六14//可八28//路九19//路九7及後。

80. 可六15；路九7及後與馬可福音不一致。

81. 比較太二十一46。

82. 比較太二十六68//路二十二64。

83. 比較約四44。

84. 約四19，九17。在七52中，這個意見被宗教領袖所摒棄了。

85. 約六14，七40。根據P66及P75，將冠詞放在名詞前面，這就是七52中所摒棄的信念。

86. 徒三22，七37。

87. B. Sanh. 43a. G. N. Santon最近討論到另一個早期證據，認為耶穌是被視為一個魔術師和假先知，或是一個騙子。除了拉比的材料外，他還參考了基督教的證據，如Justin Martyr的著作、the Acts of Thomas 及其他地方。他重估約瑟夫寫關於耶穌的文章（*Attn.* 18.63-64），並斷定它基本上是存敵意的。他爭辯說，在公元後第二及第三世紀期間的廣泛申述的證據，是認為耶穌是一個巫師和假先知。他是欺騙百姓的。這些指控是起源於耶穌在世的日子。參考Graham N. Stanton, 'Jesus of Nazareth: A Magician and a False Prophet Who Deceived God's People?'

88. 'Jesus as Teacher and Prophet'.

第二章

「再沒有神蹟給他們看。」

在符類福音中，*sēmeion*（神蹟）這個字，是為人所熟悉的。這個字通常是貶義的：耶穌被形容為拒絕行神蹟。第四福音書卻是另一回事。我們在下一章，會再詳細地探討這方面。現在，我們先集中在符類福音的傳統。但如果有第四福音書的支持經文，我們都會留意的。

在馬太福音中，耶穌有兩個場合，斷然拒絕祂的敵對者的要求——叫祂顯一個神蹟給他們看。在馬可福音中，也有一個這樣的故事，路加福音裏面，也有另外一個。[1]故事的情節各有不同，但三位福音書著作者都描述，耶穌的敵對者是在試探（引誘）祂。[2]三卷福音書，都描述耶穌是棄絕一個要求神蹟的世代，而且祂宣告，除了（根據太十二39//太十六4//路十一29）先知約拿的神蹟以外，再沒有神蹟給他們看。

很明顯，三位福音書作者都明白，他們所要求的神蹟，是指到一些可以，確認耶穌的權柄的鑑定性的神蹟。他們要求耶穌行一些，摩西在埃及所行的那一類神蹟。約瑟夫也稱這類神蹟為*sēmeia*。根據馬可福音十三章，及馬太福音二十四章所記，這類神蹟是假先知用來迷惑選民的。[3]他們要求耶穌行這類神蹟，顯示耶穌被視作是屬於先知一類的人物（儘管祂可能是一位假先知）。[4]但為何耶穌會被看為一位先知呢？答案明顯是因為，耶穌的**行事為人**，像一位先知。當我們探討，不同傳統的背境的時候，我們會發現，在每個情況之下，行神蹟（sign）的要求，都是發生在一個神蹟(miracle)**之後**的。[5]在馬太福音十二章22至24節中，耶穌驅趕了一隻污鬼，祂被指控為是奉別西卜的名趕鬼的。耶穌反駁這個指控，但在38節裏面，人們要求祂顯一個從天上來的神蹟，可能他們想證實耶穌的權柄也是從天上來。在路加福音十一章14節及後，記載了同一件趕鬼的事蹟和指控，之後，也是立刻引入同一樣的要求。耶穌不理會這個要求，卻處理了關於別西卜的指控。然後，耶穌在29節又再提及，他們要求神蹟的事，並且反駁他們。耶穌在馬可福音八章1至10節和馬太福音十五章32至39節中，餵飽了一大羣人。之後，法利賽人立刻要求一個神蹟。餵飽羣眾，與要求神蹟之間的連繫，可以在第四福音書中找到支持。因為在餵飽羣眾之後，約翰的版本也記載了一個類似的事件。[6]所以，我們四位福音書作者，都把每一個耶穌的神蹟(miracle)，與行神蹟(sign)的要求，平排在一起，以突出宗教領袖們未能看見耶穌所做的事的意義。對那些有信心的人而言，神蹟(miracle)**就是**神的活動的標記(sign)。[7]他們對耶穌的要求，以及耶穌拒絕要做的，就是一個**鑑定性**的神蹟，為的是要表明，耶穌的權柄是從神而來，不是從別西卜而來的。

(編按：Sign一字在此書中以多譯的方式來翻譯。當指到實質的神蹟事件時，以「神蹟」來表達；當指標記時，則以「記號」來表達。)

1. 約拿的神蹟

在這三個敍述裏面，耶穌應許祂的敵對者，**會行**一個神蹟 (sign)。這個神蹟名叫「約拿的神蹟」。[8]這個神蹟，肯定不是耶穌的敵對者，心目中那種的「鑑定性的神蹟」。那麼，這個神蹟是甚麼呢？馬太福音十六章沒有解釋這個神祕的神蹟，但在馬太福音十二章，以及路加福音十一章裏面，它被視為約拿自己的神蹟。馬太福音十二章解釋它是復活的事件，明顯這是一個事後 (*post eventum*) 的解釋。另一方面，路加福音十一章指出約拿是「尼尼微人的神蹟」，但卻沒有再進一步的解釋。路加很可能明白到，這句話的意思是說：耶穌也像約拿一樣，宣講審判的信息。這個信息，並不是針對尼尼微人的，而是針對以色列人的。[9]然而，耶穌為甚麼要提及**約拿**的宣講，而不提及其他偉大的先知呢？他們也是被差到以色列人中間，宣講耶和華的審判。這是否因為，約拿也是從加利利而出的呢？[10]如果，這是真正原因的話，這個引用可能是一個諷刺，因為在一些人的眼中，顯然不會把耶穌列入先知的行列！然而，這個傳統，只能在約翰福音中找到，而且也可能是指到末世的先知！[11]在約拿身上，真正值得注意的地方是，他是被差到外邦人當中**宣講**的。沒有任何一卷福音書，有顯示耶穌向外邦人宣講。祂的事工，似乎只限於在猶太人的當中。再者，尼尼微人在聽到約拿的宣講之後，便立刻悔改。而這三篇經文的重點，都在指出現今的世代是邪惡的，所以必然會受到審判。那麼，為甚麼約拿的信息，可以被描述為一個**神蹟**呢？這段說話本身，有三種不同的表達形式，可能都是出於耶穌的口。福音書作者們顯然感到難以明白它的含義，當然釋經學者也同樣有這個困難！

那麼，約拿的神蹟**是**甚麼呢？*To sēmeion Iōna* 這個片語，可以有三個解釋。第一個解釋是，它是約拿**所行的**神蹟。然而，聖經的故事裏面，完全沒有提及約拿有任何算得上是「神蹟」的行動。約拿惟一重要的行動，就是他逃跑了、宣講(不情願地)了，而且在成功之後，他生氣了。第二個解釋是，它是**給**約拿的神蹟。在約拿的故事裏面，有兩件不尋常的事蹟，兩件事蹟都可以算得上是「給約拿的神蹟」。第一件事蹟記載在約拿書一至二章，那就是約拿的冒險經歷。約拿企圖逃避神要求他去尼尼微城宣講的呼召。在一次的暴風雨中，那些惶恐的同船水手們，把他拋入海中。但神卻輕而易舉地，安排了一條大魚把他吞了，然後把他帶到乾地去。馬太福音十二章40節，記載了這一件從死亡中得拯救的不尋常經歷。但是，在約拿的故事中，這個「神蹟」是指向這位先知，而不是指向別人(像在馬太福音)的。這個經歷的結果就是，約拿明白到，自己是不能逃避神的呼召的。從這個意義來說，這件事可以被解釋為一個「鑑定性的神蹟」。它的作用是與別不同的。它是要說服先知自己，他所接受的召命是真實的，而不是要說服聽眾。這個故事肯定不是法利賽人要求耶穌所行，能鑑別其權威的那一種神蹟。[12]稱它為一種釋放拯救的神蹟，是更加適合的，因為它使約拿能夠實踐他的職責。這個見解認為，這是**給約拿**的一個神蹟。但似乎這個見解，與耶穌的處境並不相關。

在這個故事裏面，還有另一個不尋常的情節，就是有一棵蓖麻樹，從地上長出來，給約拿遮蔭，但次日黎明，它就枯萎了。這個明顯是「給約拿的神蹟」，雖然，這也算不上是一個離開主題的，「從天上來的神蹟」，可以證實他的先知呼召。即使它是神自己做的神蹟，它卻是比較近似一種「先知式的兆頭」。不過，它與先知式的兆頭有所不同，蓖麻的枯萎表示，主**原來的**旨意，現在已經被丟棄了。蓖麻的命運，對約拿來說，是神要毀滅尼尼微城的的象徵。但尼尼微城透過悔改，已經逃過這次審判了。現在，馬太與路加說，尼尼微會作見證，指控**這個**世代，要定他們的罪。[13]所以，惟一能夠給他們的神蹟，就是一個毀滅性的神蹟。那麼，這個神蹟是甚麼呢？將會在甚麼時候給他們呢？這個神蹟，會不會在某程度上，與不結果的無花果樹的故事有關聯呢？在路加福音，它是以一個比喻的形式，被記錄下來的。但在馬太和馬可福音裏面，它是一棵真的樹。這棵樹傾刻間就枯萎，像蓖麻一樣。[14]儘管這個解釋很吸引，但在這個傳統裏面，我卻找不到一絲的痕迹！然而，這不結果的無花果樹的故事，毫無疑問，是被理解為一個先知性的神蹟。我們稍後必須要，再探討這一點。

*To sēmeion Iōna*的第三個可能解釋是：這個屬格 (genitive)

是其中一個同位語（apposition），而約拿就是神蹟的本身。馬太福音十二章與路加福音十一章，都是這樣理解這個神蹟的。[15]馬太將約拿三日三夜在魚腹中的經歷，與耶穌三日三夜在墳墓中的經歷，作一個對比。馬太的解釋指出，這兩個故事，在當時是被認為是有明顯的關聯：約拿從一個必死的處境中，被拯救出來，而人子也是以類似的戲劇方式被救。由於這似乎不是一個主要的解釋，所以，它不能幫助我們明白耶穌自己所說的「約拿的神蹟」的意思。路加形容約拿是「給尼尼微城的神蹟」，相對於人子是「給這世代的神蹟」。惟一關於路加怎樣理解約拿的神蹟的提示，可見於32節中引述約拿的宣講。然而，路加將兩者作對比，這個連繫似乎是薄弱的，因為約拿向尼尼微城的人宣講的，是審判的信息，其結果是他們悔改了。然而，耶穌宣講的，是赦罪的信息，但其後果卻是審判！事實上，約拿與耶穌之間，完全沒有類似的地方。約拿是不順服的，是拒絕神的呼召的。相反，福音書作者卻形容耶穌為順服的，和討神喜悅的。約拿宣講審判的信息，對神的憐憫反感，但耶穌卻宣講救恩，為百姓拒絕回應而哭泣。約拿的宣講是完全成功的，因為尼尼微城的人全都悔改了，但耶穌的事工似乎是失敗收場的。耶穌自己似乎不應該，以約拿為一個角色的典範。

約拿的故事，在某些方面，是與尼尼微人相似，而不是與耶穌相似。約拿與尼尼微人一樣，都是該死的。他們是因著神的憐憫，從毀滅中得到拯救。從這個意義來說，約拿本身，可以被形容為，給尼尼微人的一個「神蹟」。這個神蹟表明，如果他們願意悔改的話，神會憐憫他們，把他們從毀滅中拯救出來，正如祂從死亡中救拔約拿一樣。然而，約拿為甚麼會被形容為，**這個世代的**神蹟呢？現在，耶穌給祂當代的人的「神蹟」，是否也是一個正面的、恢復性的神蹟，標誌著神的憐憫呢？這是否可能就是正在透過祂所成就的救恩呢？這實在不是要透過，耶穌本身從死裏復活的事蹟(雖然這是太十二章的解釋)，而是透過耶穌醫治的神蹟，神恢復了很多男女的生命。馬太福音十六章的說話的最簡單形式，可能正是這個意思。

神蹟已經給了他們，但耶穌的敵對者並沒有看到，因為在馬太福音十二章和路加福音十一章裏面，在他們要求神蹟之前剛發生的事件，是顯易而見的。[16]但為甚麼要用一個難以理解的片語「約拿的神蹟」，來描述這個比較直接的意念呢？這個片語的使用方式，顯示我們需要考慮一些更特別的解釋。

關於約拿的一些非聖經傳統，能否在這個問題上，給我們一點亮光呢？有兩篇約在公元後一世紀的猶太經文，可能是有相關的。第一篇是《先知生平》(*The Lives of the Prophets*)與其他猶太作品一起，[17]它把約拿視為撒勒法寡婦的兒子，所以將約拿從死裏逃生的經歷，看成為是一個神蹟性地復活的故事。[18]這段經文講到，約拿回到猶太地之後，預言耶路撒冷會被毀，「他給百姓一個**預兆**，是關乎耶路撒冷，以及全地的。當他們見到一塊石頭，很悽慘地哭泣的時候，他們就知道結局即將臨到了。並且當他們見到很多外邦人，齊集在耶路撒冷的時候，整個城市就會夷為平地」。[19] 另一篇經文，是在《論約拿》(*De Jona*)。它描述約拿的得救，使他成為一個重生的「神蹟」。[20] 這兩段經文認為，「約拿的神蹟」，對耶穌當代的人來說，可能是一個頗熟悉的見解。這兩段經文的想法，與馬太福音和路加福音對這個「神蹟」的見解是一致的，因為他是戲劇性地，從死裏被救出來的。所以，一方面，我們以約拿本身為一個救恩與新生命的神蹟；另一方面，我們發現那位宣講尼尼微城會即將被毀滅的人，正在預言自己的同胞會遭毀滅，他甚至為到將要來到審判，給以色列人提供了一個預兆。再者，馬太與路加都把那些，因著約拿的宣講而悔改的尼尼微人，與耶穌當代沒有悔改的人作一對比。[21]

在《先知生平》當中，有一個有趣的特色，它提及兩個記號。那淒慘地哭泣的石頭，是即將要臨到的結局的預兆。耶路撒冷裏面，出現很多外邦人，是顯示城市會被夷為平地。這兩個預兆，是否指到同一件事呢？它們與符類福音中一段終末性的講論，有情節結構上的類似。這段經文，很可能與我們的問題有關連，因為我們在這裏，也有人要求另一個預兆。這一次的要求，是出於耶穌自己的門徒。他們問：「甚麼時候有這些事呢？這一切事將成的時候有甚麼**預兆**呢？」[22]他們是在耶穌預言聖殿被毀之後，才會問這個問題的。但耶穌的回答，也同時處理了引致「末日」的事件。[23]耶穌的預測可以分為兩個階段。第一個階段是（在馬太福音和馬可福音），令人厭惡的荒涼（這必然牽涉到，在聖殿中的外邦人），顯示耶路撒冷將要被毀。按路加福音的記載，軍隊圍著耶路撒冷，顯示耶路撒冷被毀的日期近了，她將要被外邦人踩踏。[24]第二個階段，在天上的預兆，表示人子將要出現。[25]至於那悽慘地哭泣的石頭，我們可以將它與路加福音十九章40節相比，耶穌在這裏，提及石頭也要開口呼叫起來，歡迎他進入耶路撒冷。當然，這與《生平》中提及的「悽慘的」哭泣，肯定是十分不同的。然而，耶穌又隨即為耶路撒冷哀哭，又宣告她的敵對者，快要來毀滅她（41～44節）。

我們的不同經文，是否出自相同的傳統呢？這些類同，是否出於偶然呢？它們是否互相影響呢？如果是這樣的話，哪一個是較為早期的呢？我們很困難在這方面，做一個確實的決定的。我們只可以說，聖經以外的材料，是有助於我們明白，為何耶穌要在末世性的講論裏面，提及耶路撒冷被毀的預兆，以及世界末日的事情。並且，它解釋了為何關於「約拿的神蹟」的言論，在馬可和路加福音中，會有兩種截然不同的理解。然而，這些完全不能幫助我們，在耶穌本身的事工的背景中，去明白這些言論。

預兆的補充筆記

在《先知生平》裏面，約拿說自己得到一個，關於耶路撒冷的結局的預兆(*teras*)。我們剛才探討過，事實上，他給了兩個兆頭。當某件事情發生的時候，表示結局馬上要來到，耶路撒冷將要被毀。這些預兆，與他們要求耶穌行的，那些「鑑定性的」神蹟十分不同。雖然這些神蹟，是先知所預言的，但完全不是先知做的。在這個情況裏面，其中有一個事件，可能是很超自然的(會喊叫的石頭)，另一個事件卻不是(外邦人在耶路撒冷)。這些預兆指出，其他預言過的未來之事，都將要發生。

在福音書中，不時會提及一些重大事件的預兆。我們已經探討過，耶穌怎樣回應，對耶路撒冷被毀的兆頭的要求。耶穌說，一個不該有的，而且令人厭惡的荒涼，將會出現。並且軍隊要環繞耶路撒冷(路加福音)。接著是一個，關於從天上的預兆的警示，這是人子要求回來的記號。超自然的預兆，是伴隨著釘十字架的，而且它的含義是很清楚的：在正午的黑暗、[26]聖殿裏的幔子裂開，[27]以及祂從死裏復活。[28]在馬太福音二章1至10節中，另一個預兆(一顆星的出現與移動)是耶穌降生的記號。這些不同的預兆，都是顯示一些重大的事件已經發生了，或者是將要發生。

2. 約翰的神蹟？

由於所有的解釋，都是不充分的，所以我們傾向接受，早期不同釋經學者的見解，認為馬太福音十二章39節，或者馬太福音十六章4節，路加福音十一章29節的言論，原本不是指到約拿的神蹟，而是指到**約翰**，即是那位施洗者的神蹟。如果是這樣的話，給這個世代的神蹟，必然是約翰的**洗禮**，因為洗禮是約翰與別不同的特點。[29]其實神蹟已經給了他們，但它的含義卻被忽略了，所以他們要求另一個神蹟。我們視約翰的洗禮，為一個預示式的行動，指向將來的審判，因此它是標記著救恩和拆毀的。雖然，一般人都不贊成這個看法，但如果這個看法是對的話，從這個角度去解釋這個言論，肯定是十分合理的(撇開馬太的詳細闡述)。這個「神蹟」已經給了他們，他們是免不了將來的審判的。那些現在回應耶穌的宣告的人，將會得救；那些拒絕的人，將會被定罪。

另一個言論裏面，有人質問耶穌的權柄，祂把這質問，訴諸於約翰的洗禮，因為這明顯有「從天上而來的」意味。[30]剛才的解釋，與這個言論是吻合的。在這個情況中，耶穌是把約翰的洗禮，作為一個「鑑定性的神蹟」給祂的敵對者。不用說，這肯定不是他們所要求的，也不是他們所認可的神蹟！在三卷符類福音書裏面，這個質問是發生在耶穌在聖殿裏面作教導的時候；在他進入耶路撒冷，潔淨聖殿的時候；以及詛咒無花果樹(馬太和馬可福音)的時候。當猶太人的領袖，質問關於耶穌「做這些事」的權柄的時候，他們很可能就是指到這些事件。這些事件，都標誌著耶穌所帶來的審判。對於那些有回應的人來說，審判就是救恩；對於那些拒絕的人來說，審判就是拆毀。我認為約翰的洗禮，是一個預示式的神蹟，指向耶穌用聖靈施洗。這是一個清洗、更新和拆毀的洗禮。如果這個看法是對的話，那麼，耶穌訴諸於約翰的洗禮，作為他在耶路撒冷的作為的一個「鑑定」，是可以理解的。

然而，對於耶穌關於這個神蹟的言論，這是否一個滿意的解釋呢？我們應否單單把「約翰」，取代了「約拿」就行呢？這個方案的明顯困難，就是這個言論的三個版本，都不是指向約翰，而是指向約拿。而且，它們共同的證據，也不是輕易可以置之不理的。馬太福音十二章及路加福音十一章更進一步，加插關於約拿的言論，似乎是要確定，第一個的言論，從最開始就是指向約拿的。但我們是否因此便放棄，它是指向約翰的見解呢？我認為不是的。如果這個言論，是有意義的話，很明顯「約拿」的名字，必須是要指到一位向「**這個**世代」說話的先知性人物。[31] 某種「翻譯」是有必要的。這種「翻譯」有兩個可能性：耶穌與約翰。事實上，「約拿的神蹟」可以指到約翰所行的神蹟，但它同樣可以容易指到耶穌所行的神蹟。馬太福音十二章及路加福音十一章，肯定都假設它與耶穌本身（被指為人子）是類似的，而且他們的假設，都是可以理解的，因為是**耶穌**被要求，行一個關於**祂的**權柄的神蹟。他們明白到，現在約拿的神蹟，實際上是在耶穌身上，重新再上演一次。他們企圖將兩者作類比，然而，兩者是十分不同的。馬太的記載，至少肯定是一個比較後期的建構。但他們的假設，是否正確呢？有人說，耶穌利用兩個很相似的名字「約翰」和「約拿」，來玩一個文字遊戲。因此，**給這個世代的**約拿的神蹟，是施洗約翰所做的。這個說法，是很爭議性的。[32]這兩個名字，是相似到一個地步，有時候是可以互換的。[33]事實上，曾經有人主張，在緊接著路加福音十一章30節的言論之後的一個言論，是兩個名字的一個文字遊戲：「正如約拿是給尼尼微人的神蹟，同樣約翰也是給這世代的神蹟。」[34]名字上的相似，當然也是足夠的理由，支持那位新的約拿——就是約翰——的施洗就是神蹟(對那些有眼睛可以看見的人來說)，而現在耶穌所做的事，都是神的工作。約拿宣講審判的信息，使尼尼微人從刑罰中，得到拯救。這一點使約拿和約翰的對比，顯得十分適切，因為約翰在審判沒有來到之前，曾經要求羣眾悔改，而且接著他來的，就是那一位帶來救恩的。

如果耶穌要在約拿和約翰中間作這樣的對比，那麼，「約拿的神蹟」也必然在某方面，可以與約翰的洗禮相比。到底這是否指到那棵蓖麻樹呢？這棵蓖麻樹當然是一個難以理解的神蹟。它代表著神的憐憫和祂對罪的譴責。它既帶給約拿安慰，但頃刻間卻被消滅了。約拿的宣講(像約翰一樣)，已證實是一件真實的終末性事件，因為它定罪的宣告，與百姓對質。本來這次宣講，是預期帶來拆毀的，但因著尼尼微人的悔改，神原先的審判的信息，卻轉化成為一個憐憫的信息。約翰的洗禮，同樣也是有矛盾的。這個洗禮，是指向一個以「聖靈與火」的洗禮，是一個帶來拆毀與更新的洗禮。雖然，耶穌宣講神國度的信息，是包含在強調神的憐憫的故事中，以及包含在頒佈祂的救恩的神蹟中。然而，當人拒絕這個信息的時候，審判是免不了的。所以，尼尼微人會起來，審判和定這世代的人的罪。蓖麻樹的故事，正代表了耶穌給祂的聽眾的選擇。他們可以選擇回應，還是拒絕。他們要得救，還是要被定罪。

然而，另一個給約拿的「神蹟」，就是他遇溺被救，以及他的「重生」。這個「神蹟」是更加適切約翰這個人物。按照很多早期教父的解釋，約拿的神蹟，就是指到約拿在海中從死裏得救的事蹟。[35]雖然（像馬太福音一樣），他們大部分都繼續以基督的死和復活作解釋。但約拿從船上被拋下水中，最終從魚腹中逃出來，再次顯出它與約翰的洗禮的矛盾是一致的。這些情節一方面表示拆毀，另一方面，卻表示在悔改之後的更新。再者，約拿被丟在水中，然後從水中出來，進入一個新生命，這方面與約翰的洗禮特別吻合。約拿被淹在水面之下，似乎是要面對死亡，但卻被一個似乎是拆毀性的媒介所拯救。他的經歷，在某個意義來說，是象徵尼尼微人面對毀壞，但當他們悔改的時候，卻藉著神的恩典而得拯救。約翰的洗禮，也牽涉到浸在水中，起來過新生活，而且是向前指向聖靈的施洗。這個洗禮，會清洗、拆毀與更新。根據Q傳統，這洗禮是透過風和火、簸穀的扇和鏟子產生作用的。這些就是救恩和拆毀的工具。一個人若接受約翰的洗禮，就表示他順服在神的審判之下，正如約拿(以及尼尼微人)曾經也這樣行。保羅把洗禮的儀式，看成為一個死亡和新生命的記號，這一點是不希奇的。在他之前的其他人，也曾經這樣做。如果給「這世代的」神蹟，就是約翰的洗禮的話，那麼，有甚麼比稱它為「約拿的神蹟」來得更加適切呢？因為約拿掉進水裏去，是拆毀的記號，他重新上來的行動，就是救恩的記號。

如果這個解釋是正確的話，馬太的見解和初期教會的做法，是不足為怪的。馬太認為這個言論，是指向耶穌本身從死裏得拯救。而早期教會，經常把約拿從海中，和從大魚那裏得到拯救的故事，寫在墓碑和地下墓穴中，表明他們在基督裏，擁有新生命。[36]同樣，路加認為約拿的神蹟，是指到將要來到以色列的審判，這也是一點都不希奇的。這兩位福音書作者用不同的方位，來描述同一個肖像。這個肖像，同時是指到因著不順服，所帶來的拆毀，以及因著悔改，所帶來的拯救。[37]

如果耶穌在這段經文裏面，事實上是指到約拿(化名施洗約翰)的話，那麼，馬可福音九章11至13節與馬太福音十七章10至12節便是一個有趣的類比了。兩段經文都在沒有任何解釋下，將施洗約翰，等同於以利亞。到底這獨特的言論是否出於耶穌？這是富爭議性的。但它肯定與我們的提問有雙重的關聯，因為，至少對於福音書作者來說，約翰是再次被理解為一個神蹟。在必然發生在人子身上的事情上，這一次，是祂的死亡被視為一個「預示式的神蹟」(先知是需要忍受，而不是要扮演)。如果以利亞(化名施洗約翰)是被致於死地的話，同樣的命運，也無可避免地，要臨到接著他來的那一位身上。這兩段經文，還有更進一步的有趣雷同。因為它們同時都提及舊約的先知，這是令人費解的。如果，我們因著約拿的神蹟，而覺得困擾的話，我們同樣會被馬可提及，聖經關於以利亞受苦的記載所困擾。因為在舊約裏面，根本沒有特別提及這樣的受苦經歷。

在提及到聖靈的言論的背境裏面，我們找到另一個提示：約翰可能是與約拿的神蹟有關連的。在路加福音中，在要求神蹟的經文之後，就是一段耶穌教導門徒禱告的經文。這段經文的結束語說，神會將聖靈賜給那些祈求祂的人。[38]在馬太和路加福音裏面，要求神蹟與耶穌反駁敵對者的指控，是連在一起的。敵對者指控耶穌，說祂是靠著撒但的力量，趕逐污鬼的。在馬太福音中，這個要求是接著這個糾紛的。而在路加福音中，這個要求卻是在糾紛即將發生之前的。當耶穌指出，他們這個論斷是荒謬的，這個糾紛才得到處理。這顯示了兩位福音書著作者(或是在他們之前的傳統)都發現，要求神蹟與關於趕鬼的糾紛，兩者之間是有關連的。我們知道，耶穌是靠著聖靈(或是神的指頭）的能力醫治人，而不是靠撒但的力量。[39]對於那些有眼可見的人來說，這些神蹟本身，實際上就是，神在作工的「記號」。路加提及「神的指頭」，是特別有趣的，這個片語，曾出現在出埃及記八章19節。那時，埃及人的術士不能重複使虱子生出來的神蹟，就承認摩西亞倫所做的，是神自己的工作。耶穌聲稱自己，是靠神的能力作工的。當別人要求耶穌去作出證明的時候，有甚麼比施洗約翰的見證更加適切呢？因為這個洗禮，是將來聖靈的洗禮的表記。耶穌在聖殿裏面反駁質問時，所用的理據，[40]與在剛才的情況一樣，都是這麼適切和合宜的。

在其後的馬太福音十二章41節及後，以及路加福音十一章31節及後裏面，可能有證據顯示，關於約拿的神蹟的言論，是曾經被理解為是指到約翰的。根據馬太的次序，我們有一個言論，是講到尼尼微人定這世代人的罪，接著是一個關於南方女王的言論，作為類比。尼尼微人聽到約拿的宣講之後悔改了，南方的女王也從地極來到，要聽所羅門智慧的話。它的含義是說：這世代的人忽略了現代約拿的宣講，也忽略了現代所羅門智慧的話。在這兩個情況中，耶穌時代的猶太，在對比之下，是較那些對神的話語有回應的外邦人，是比較不利的。釋經學者通常會把「那位」比約拿更大的，等同於「那位」比所羅門更大的，並且假切兩者，都是指耶穌。然而，在引導人**悔改**的宣講，與**吸引**人「從地極來到」的智慧的話語，兩者之間肯定是有一個隱晦的**對比**。三位符類福音的傳道者，都描述約翰是宣講悔改的信息。[41]這個信息認為第一個言論，可能是指到他和他施洗的工作。在馬可和路加福音當中，約翰所宣講的，是一個悔改的**洗禮**。[42]但為何要用一個比較的方式，從智慧的角度，來看耶穌與所羅門的活動呢？因為所羅門是大衛的兒子，這一點可能是暗示，現在興起了一位更大的兒子。但部分的解釋，可見於約瑟夫在《猶大古史》8.42～49中，對所羅門的描述。當中舉出一些，關乎他的智慧的突出的例子，就如他有編寫歌賦與比喻的才能，有趕鬼的技術，又能夠醫治病人。[43]這個描述，是懷緬耶穌，因為祂用比喻教導，並且透過趕鬼和醫治，宣講神的國度。

如果，那「一些」[44]比約拿更大的，就是約翰悔改的呼籲；那「一些」比所羅門更大的，就是耶穌關於神的國度的宣講。[45]那麼，耶穌的說話，就與祂在其他地方，關於眾人未能回應約翰與祂的信息，形成一個有趣的類比。他們好像那些不曉得哀哭，也不曉得跳舞的孩子一樣：

> 約翰來了，也不吃，也不喝，人就說他是被鬼附著的；人子來了，也吃也喝，人又說他是貪食好酒的人，是稅吏和罪人的朋友。[46]

這段經文，似乎是有意地再次提及智慧，這是比馬太福音十二章42節，以及十一章31節更加難以理解的。在路加福音，這句話似乎是指到神的目的，那些接受的人的回應，最終會為它辯白。[47]在馬太福音，智慧「所作的工」是為她辯白的，這句話似乎是指到耶穌的神蹟。[48]在十二章41節及後表達，耶穌體現了智慧，這句話的解釋是與這意念吻合的。[49]

在這裏，約翰與耶穌的事工，不單只被安排成為類比，而且它們明顯是有連繫的。[50]百姓未能回應他們的宣講，出現於其他有關我們主題的背景中。這個事實突出了上述的連繫。這一段的開始信息，是約翰詢問耶穌，是否那期待要來的一位。耶穌在回答的時候，提及祂醫治的神蹟。事實上，在路加福音裏面，耶穌在用說話回應他之前，祂醫治了不同的人。在這裏，我們發現耶穌為約翰的身分，**提供了**「鑑定性」的神蹟！然而，這不單只是摩西給法老的那一類「證據」，相反，它們是神國度來到世上的記號。於是，作者告訴我們，耶穌對約翰本身的事工，作出不同的評語，包括引用了出埃及記二十三章20節，及瑪拉基書三章1節，當中提及一位使者，會為那位接著他來的人，預備道路。在這裏，約翰是被確認為耶穌的先鋒。於是，約翰與耶穌的事工就有了關聯。

約翰是耶穌的先鋒的意念，當然某程度是經過修訂的。馬可福音一章14節在使用約翰的*paradidōmi*（意即宣傳）的時候，是以它為耶穌被交在敵人手中的預兆。稍後，馬可將約翰的死亡，說成為是指向耶穌的死亡。路加在開頭幾章經文中，清楚明白約翰和耶穌的故事，是一前一後地展開的。馬太卻把約翰，等同於以利亞。[51]約翰認為施洗約翰的惟一功用，就是向前指向耶穌。[52]但如果在第一章裏面，我對施洗約翰的理解是對的話，那麼，他的行動實在是別有所指的。再者，如果我對耶穌在聖殿裏面[53]的說話的理解是對的話，那麼，耶穌是以這個洗禮，作為祂自己正在作的事的一個「標記」。在馬太福音十一章//路加福音七章和馬太福音十七章//馬可福音九章中的材料，是與它一致的。如果「約拿的神蹟」實在是指到約翰的話，那麼，這也是與同一個模式吻合的。有足夠的證據顯示，耶穌自己是明白約翰的事工，是向前指到祂自己的事工的。

3. 拒絕行神蹟

無論我們對約拿的神蹟作甚麼解釋，福音書作者們都同意，耶穌是拒絕行一個鑑定性的「神蹟」的。這個「例外」其實不是一個例外。因為不管祂行甚麼神蹟，都不會是鑑定性的。這個神蹟很可能只是一件已經發生的神蹟，而它的意義尚並未被明白。

符類福音裏面，耶穌有另一個例子，也是拒絕行鑑定性神蹟的，這是值得注意的一點。這個例子出現在，耶穌被撒但試探的故事中。第一個試探，是叫石頭變麵包。馬太與路加清楚明白，耶穌可以為祂自己的好處，而運用祂的能力，因為兩位福音書作者，都加上註釋說，祂是飢餓的。[54]撒但慫恿耶穌，從聖殿尖頂跳下來，明顯是一個試探，叫祂給百姓一個神蹟，以建立祂的身分和權柄。這大概就是在福音書稍後，耶穌的敵對者所要求祂行的那種神蹟。所以，三卷符類福音的福音書作者，在試探的敍述中，都會用*peirazō*（意即試探）個動詞，來形容撒但的活動。並且在四次敵對者要求耶穌行神蹟的時候，祂有三次是用這個字眼的。[55]這一點並不是偶然的。耶穌引用申命記六章16節：「你們不可試探主你們的神」，拒絕了魔鬼的慫恿。這句經文也是同一個動詞的。在申命記裏面，這個字是出現於瑪撒的事件。當時以色列人懷疑神，是否有能力給他們食水。[56]在福音書裏面，他們要求證據，也同樣是出於不信任。而魔鬼（不管是直接，或是透過宗教的權威）都可能會「試探」或者「引誘」耶穌。實際上，牠的試探意味著，神本身都要需要被試驗。[57]

這一組的神蹟，是耶穌**拒絕**行的。在我們結束討論之前，我們必須要考慮第四福音裏面的兩段經文。它們與我們的主題是相關的。我們在約翰福音二章13至22節中，發現約翰對搗亂聖殿故事的版本，但其他福音書著作者卻把這段敍述，放在他們的故事的後面。對於耶穌造成的浩劫，耶穌的敵對者的反應，就是要求說：「你既做這些事，還顯甚麼神蹟給我們看呢？」符類福音中，也有記載到宗教權威們，在這件事件之後，有類似的反應。但根據符類福音的記載，他們的反應，是以這個問題的形式表達出來的：

「你仗著甚麼權柄做這些事？給你這權柄的是誰呢？」[58]我們已經提及過，耶穌的回答，是訴諸於施洗約翰的。第四福音書中所要求的神蹟，是一個鑑定性的神蹟，正如在符類福音的故事中的一樣。我們在這一章，也探討過這一點。雖然在第四福音，要求神蹟的事，不是接著一個神蹟，而是接著一個事件。這個事件，至少也被約翰稱為一個先知式的行動。耶穌的回答，與祂在符類福音中，回答對神蹟的要求，明顯是類似的。雖然在約翰福音中，耶穌沒有引導祂的敵對者，去看約拿的神蹟，而是引導他們看見，祂自己剛才所行的神蹟的意義。正如在馬太福音十二章40節的神蹟，可以被解釋為耶穌的復活。

在約翰福音中，第二個要求神蹟的事件，出現在約翰福音六章30節。在事件中，羣眾問耶穌：「你行甚麼神蹟，叫我們看見就信你？」他們明顯是要求，他們希望要見到的神蹟：「我們的祖宗在曠野吃過嗎哪，如經上寫著說：『他從天上賜下糧來給他們吃。』」約翰所描述的那羣人，正是耶穌用昔日神蹟性的方式，來餵飽他們的（他們因為耶穌所行過的神蹟，所以跟隨著耶穌）。從這個事實看來，這個要求是特別的。當然，一個人可以爭辯說，約翰是合併了兩個資料的來源，但他卻處理得不太好。然而，至少約翰是相信，在30節中要求神蹟的羣眾，就是剛才見證神蹟的那羣人。更加不合理的是，他們現在要求見到的，正正就是耶穌剛才行過的神蹟！他們這個十分不合理的要求，帶出了以下的解釋。對於這位福音書作者來說，至少有一點的解釋：雖然羣眾一方面見證耶穌所做的事情，然而他們卻完全不理解，耶穌所做的事的**意義**。那些要求神蹟的人，明顯是未能夠認出，耶穌剛才所行的神蹟。他們看不見，耶穌給他們的餅，就是他們所要求的嗎哪。這個餅是代表主耶穌本身，祂就是這個活著的餅。

這兩段經文，清楚地反映出約翰的理解。在這兩個處境中，耶穌都被形容為拒絕行所要求的神蹟。祂反而指出，剛才所行的神蹟的真正意義。這是與符類福音書的傳統一致的。在所有的福音書中，耶穌都被表達為，拒絕行使鑑定性神蹟的。真正的先知性神蹟(不管是耶穌自己行的，還是約翰行的)，都是指出祂以前所做的神蹟的意義，而不單只指到祂行神蹟的能力。

耶穌拒絕行使鑑定性的神蹟。但在一個場合裏面，有記載顯示，耶穌行了一個神蹟，證明祂有赦罪的權柄。三卷符類福音的作者，都用同一個形式，記載癱子的故事。耶穌首先告訴那個男人，他的罪已經得到赦免。祂的說話激怒了宗教權威。於是，耶穌醫治了那個男人。根據經文所說，祂的目的是叫指控祂的人知道，「人子在地上有赦罪的權柄」。[59]這一件事，連同耶穌給約翰的信息的記載，[60]都是符類福音的作者們，從一個「鑑定性的神蹟」或是「證明」的意義，給我們一個最近似*sēmeion*的神蹟。那麼，為甚麼耶穌在這裏，**提供**了一個關乎祂的權柄的神蹟呢？這一次的神蹟，不是為那些熱切期待相信的詢問者而做的，乃是為那些敵對者而做的。他們甚至也沒有要求耶穌這樣做。有趣的是，這事件並沒有**被形容為**一個 *sēmeion*。再者，當我們更深入地探討這件事的時候，我們明白耶穌這次的行動，並不是一個「鑑定性的神蹟」(類似是摩西所行的，那種離開主題的神蹟)，旨在證明祂是一個真先知，相反，它是一個**預示性的**神蹟，指出人子**已經**成就了更重要的事情。[61]雖然，耶穌這次醫治的工作，是回應敵對者的挑戰，而且對耶穌的能力來說，這是遠超過一個「證據」。所上演的先知性戲劇，就是耶穌醫治了一個癱瘓的男人，他站起來，拿起他的褥子行走。這是一個記號，表明他的罪，實在已經得到赦免。我們**看見**的釋放，是象徵一個更重要，卻是我們看不見的釋放。

然而，要完全明白這個故事，我們必須要，以耶穌其他先知式行動的背景，作為考慮的因素。現在，我們準備要探討這方面了。

註釋：

1. 路加可能知道兩個故事，因為他在十一16發出請求時，所用的語言，正是**另一個**在太十六1，以及可八11的迴響。
2. 太十六1；可八11；路十一16。
3. 太二四24//可十三22。馬可福音的較長結語版本，兩次正面地使用這個字。這是指到使徒們所行的神蹟，帶領眾人相信耶穌(可十六17、20）。

4. 比較在路二十三8中，希律期望耶穌會行神蹟。先知是需要有神蹟，實證自己的身分（申十三1～5），但拉比是不需要的。參考F. Hahn, *The Titles of Jesus in Christology*，頁378及後。

5. 在申三十四10～12的評論中說，再沒有一位先知像摩西的，繼而又解釋，他的神蹟和奇事，是無人可以比擬的。

6. 約六30，比較四48。

7. 在舊約、使徒行傳和其他幾處的經文中，*sēmeion* 這個名詞，是比較常用在這個含義上的。比較申六22，七19，二十六8；耶三十二（LXX 39）21；徒二43，十四3，十五12；羅十五19；林後十二12；來二4。

8. 因為只有馬太和路加福音，曾經提及約拿的神蹟，有人主張它是源於'Q-community'。參考R. A. Edwards, *The Sign of Jonah,* 83～87。也比較G. Schmitt, 'Das Zeichen des Jona'，他把可八11當為最早期的說話形式。S. Chow, *The Sign of Jonah Reconsidered*，甚至不討論這句片語，是出於耶穌的可能性！馬太與路加福音的解釋是不同的，這顯示那個片語，是屬於這個傳統的較早期。如果這不是出於耶穌本人，我們仍然要解釋它原先的意思，並且它為何要被放在，馬可福音那段徹底拒絕行神蹟的經文中。另一個解釋就是，馬可（或者是在他之前的傳統）對這個片語感到困惑，所以把它刪掉了。

9. J. Jeremias, ''Ἰωνᾶς', 409，主張路加的解釋，與馬太的相似，因為對路加來說，「*tertium comparationis*是約拿成為尼尼微人的神蹟，明顯是因為他是從魚腹中得到拯救。而耶穌給這個世代顯明，祂是從死裏復活的那一位。所以，根據路加的解釋，約拿的舊神蹟與新神蹟，兩者都在於神聖的使者，透過從死裏面得拯救，而得到授權。」Jeremias承認，事實上，我們不知道尼尼微是否得知約拿得救的事。這件事使他聲稱，這個解釋「明顯」是有點不確定的。他也忽略了一個事實，路加從來沒有認為，耶穌是「給這個世代顯明，祂是從死裏復活的那一位」！相反，耶穌只向祂的門徒顯現。祂復活的報告，是被權威人士所否認的。

10. 根據王下十四25，他是來自Gath-hepher。

11. 約七52，比較41節。

12. 當然，雖然我們並不排除這個考慮，但是因為無論耶穌做甚麼，也不可能是行這類型的神蹟。

13. 太十二41//路十一32。

14. 路十三6～9；太二一18～22//可十一12～14、20～24。

15. J. Swetnam, 'Some Signs of Jonah'，主張在馬太福音中，神蹟不是約拿自己，而是他的預言。這樣解釋*sēmeion*似乎是不可能的。對Swetnam來說，提及約拿在那海怪腹中的逗留，是比較耶穌與約拿的預言的合理理由。

16. 太十二25～29；路十一17～22。

17. 例如是，在更後期的*Gen. Rab.* xviii.II，以及*Pirkê Rabbi Eliezer* 33。

18. 王上十七8～24，*Lives* 10.6將那男孩的死與恢復生命，與他（即約拿）企圖逃避神（拿一3），後來又從魚中逃脫出來（*Lives* 10.2）的事件，結合起來。

19. 由D. R. A. Hare, *The Old Testament Pseudepigrapha,* Vol. 2, ed. James H. Charlesworth, 379～399所翻譯。約拿說預言攻擊他自己的百姓，這個意念也見於*Pirkê Rabbi Eliezer* 10。

20. F. Siegert, *Drei hellenistisch-jüdische Predigten,* 25, 由*Wahrzeichen*和*Sinnbild*翻譯亞蘭文的*kerparan*。

21. 比較*Mek* on Ex. 12.1，當中解釋約拿拒絕到尼尼微城，是因為他恐怕外邦人，比他自己的同胞更有可能悔改，那麼以色列人就被定罪了。*Lam. Rab. Proems* 31(8b)，當中也作出了對比：神差一位先知到尼尼微城，他們就悔改了。但神差很多先知去耶路撒冷，他們卻沒有回應。

22. 可十三4//路二十一7，比較太二十四3。

23. 馬太用他的版本來問這個問題：「甚麼時候有這些事？你降臨和世界的末了，有甚麼預兆呢？」

24. 太二十四15//可十三14；路二十一20、24。

25. 太二十四29～31；可十三24～27；路二十一25～28。

26. 太二十七45//可十五33//路二十三44。

27. 太二十七51//可十五38//路二十三45。

28. 太二十七52及後。

29. 例如是，B. W. Bacon, 'What Was the Sign of Jonah?'。

30. 太二十一25//可十一30//路二十4。要求「從天上來」的神蹟，見太十六1；可八11，以及路十一16。O. Linton, 'The Demand for a Sign from Heaven', 116～118，主張「從天上來」的字眼是馬可的修訂，原本的要求，只單單是「一個神蹟」而已。他可能是對的，但無論怎樣，他們是要求一個神聖的驗證。從**那個**意義來說，也是一個從天上來的神蹟。正如Jeffrey Gibson, 'Jesus' Refusal to Produce a "Sign" (Mk. 8.11-13)' 中所張的，這並不需要是，要求可十三章所形容的那種神蹟。

31. 這就是看見約拿如何成為「這個世代」的神蹟的困難，這就使C. Moxon, 'τὸ σημεῖον 'Ιωνᾶς', 主張太十二39//路十一29的言論，是指到「約翰的神蹟」。

32. 關於名字的類似之處，可見T. K. Cheyne, 'John the Baptist', col. 2502; P. W. Schmiedel, 'John, son of Zebedee', col. 2505.

33. 比較約一42及二十一15～17，在抄本當中，「約拿」與「約翰」，兩個字是不同的。(正如在太十六17)

34. 比較 J. H. Michael, 'The Sign of John'。

35. 例如是：Irenaeus, *Contra Haereses* 3.20.1-2; Clement, *Stromata* 1.21; Origen, *Comm. in Mt.* 16.1-4。

36. 比較 Simon Chow, *The Sign of Jonah Reconsidered,* 175～210。

37. 如果這個意見是對的話，令人驚訝的地方**是**：沒有一位基督教教父，把約拿的神蹟，與洗禮連在一起。然而，在公元後第二、三世紀的藝術表達裏面，有些證據顯示約拿的故事，是與洗禮有關聯的。例如：在羅馬的SS Pietro e Marcellino地下塚墓的第五號房，是與洗禮的主題有關的。參考E. Dassmann, *Sündenvergebung durch Taufe, Busse und Martyrerfürbitte*，頁363及後。Dassmann主張約拿與悔改和赦免的主題，是有密切關聯的。見頁222～232、356～372、385～397。約拿出現在早期基督教的人工製品的次數，比其他任何人物還要多。最普遍的是表達約拿在蓖麻樹下休息。約拿循環的三個部分(約拿從船上被掉在海裏，入了海怪的口；約拿被吐在乾地上；約拿在蓖麻樹下休息)也是普遍的。這個循環似乎是暗示死亡、復活和天堂極樂之福。雖然一些作者解釋最後一幕，是指到一個過渡的階段(見A Stuiber, *Refrigerium Interim,* 136～151)。這些關於約拿的表達方式，都有一個基本概念，就是他從審判和毀滅中，被神拯救出來。**為何**約拿的循環，在早期基督教的藝術中，是這麼普及呢？約拿的循環被刻在石棺材上，明顯是要描述基督徒對復活的盼望。（見S. Chow, *The Sign of Jonah Reconsidered*, 194～209）。但它的普及性是否也是因為，（像挪亞的故事一樣）它是被視為洗禮的象徵呢？

38. 馬太福音在其他地方，例如在七7～11中，也有這些言論，但*pneuma hagion* 卻改作*agatha*（好東西）。

39. 釋經學者通常會爭議，路加的「神的指頭」是比馬太的「神的靈」更加原始，但 J. Nolland, *Luke 9:21-18:34*, 頁639及其後中指出，這個問題的近期研究，全都支持馬太的版本。在任何情況之下，它的意思都是相同的。因為兩個片語都指到神創造性的活動。

40. 太二十一23～27//可十一27～33//路二十1～8

41. 太三21；可一4//路三3

42. 可一4//路三3。在太三6中，那些受洗的人，都承認自己的罪。

43. 比較E. Lovestam, *Jesus and 'This Generation'*, 32。

44. 一般的意義是相同的，即使我們假設*pleion*的中性詞，是指到約翰和耶穌本身，而非他們所做的事情。

45. B. W. Bacon, 'What Was the Sign of Jonah?', 109，他同樣解釋這些說話，是指到約翰悔改的呼召，和耶穌赦免的信息。

46. 太十一18及後//路七33及後。B. W. Bacon, loc. cit. 有留意到這個類比。

47. 比較路十一49，也見 J. Fitzmyer 對路十一31的評論：「它的措辭使人回憶起七35。神的智慧透過將要來的審判，而得到辯明。但這個審判不是耶穌那世代的人，審判耶穌，而是透過那些接受祂，證實是『她〔智慧〕的孩子』的人作的。」（*The Gospel According to Luke X-XXIV*, 937）。

48. 太十一2～6。

49. 太十二41及後//路十一31及後，是關於聆聽智慧的，但其處境是關於趕鬼的工作。

50. 比較 J. H. Michael, 'The Sign of John', 155，他指出：「差不多每一次當耶穌談及約翰的時候，祂都意味著，如果祂的聽眾認識那施洗者，他們也應該會認識祂。」C. R. Bowen, 'Was John the Baptist the Sign of Jonah?' 中，卻完全忽略了這個連繫。他以反面回答他的問題，他主張：「耶穌所面對的要求，是祂應該顯明某些神蹟，作為祂的合法性……這個神蹟必須是從祂而來，或是一些與祂自己有直接關係的……。施洗約翰是這個世代的神蹟，因為萬物的結局近了。無論以上的話有多真實，耶穌指向約翰，作為祂自己的信息的確實性的標記，這樣做是毫無意義的。」(頁421) Bowen卻沒有提及，耶穌在聖殿中，回答那些挑戰！

51. 太十一14。

52. 約一19～36。

53. 太二十一23～27；可十一27～33//路二十1～8。

54. 太四2；路四2。

55. 太十六1；可八11；路十一16。

56. 出十七1～7。

57. 比較林前十1～13，有一個類似的雙重意思：保羅描述在瑪撒的事件中，百姓試探主，他警告基督徒不可以這樣做，他總結說，哥林多信徒還沒有遇到一個*peirasmos*，是過於他們能忍受的，而他們可以相信神，不會讓他們遇到超過他們能力的試探(13節)。

58. 太二十一23//可十一28//路二十2。

59. 太九1～8//可二1～12//路五17～26。

60. 太十一4～6，路七21～23。

61. Jeffrey Gibson, 'Jesus' Refusal to Produce a "Sign" (Mk. 8.11-13)'，未能作出這個區別(頁40～42)，並且他忽略了馬可在第二章中，沒有用*sēmeion*這個字眼。他這樣做(用他自己的字眼！)，是拒絕「讓這個故事和馬可，用他們的字眼說話。」

第三章

「先知的記號」

耶穌拒絕行使鑑定性的神蹟。耶穌**所**行過的神蹟，並不是單單旨在「證明」祂有權柄，可以做祂所做的事。這些神蹟本身，在達成神拯救的目標上是重要的行動。後期的基督教思想家的解釋，往往認為大部分神蹟的目的，都是耶穌作為彌賽亞，和神兒子身分的「證據」。事實上，這個傾向在福音書中，已經出現了。因此，馬太在水面行走的記載，就帶出了耶穌是神的兒子的信仰表白。[1]這個獨特的神蹟，要融合在符類福音的記述中，是不容易的，因為它似乎是沒有目的的，除非它能夠啟示耶穌的身分。然而，即使福音書著作者們講述了這個故事，但他們並不是要，**證實**耶穌的能力，而是要啟示，發生在祂身上的，是甚麼一回事。我們稍後會探討這方面。

1. 神蹟

在水面行走的故事，引發了另一類的問題：它可否告訴我們，到底耶穌自己，做過甚麼事呢？這個獨特的敘述，是其中一個最清楚的例子，表達在歷史的層面上，接受這個神蹟故事的困難。在前一章探討過清晰的證據，證明耶穌是拒絕行神蹟的。這個故事與這些證據，當然不可以算是有矛盾的。但這個故事提醒我們，任何關於神蹟的討論，必然會引發歷史性方面的困難問題。我們可以給這些故事，有多少信任呢？我們不可以在這裏，登上歷史性的龐大課題的巨輪。我們幸好也沒有這個必要。無論我們對所謂的

「自然界的神蹟」抱甚麼態度，在傳統裏面，都有足夠的證據，去主張耶穌必然是曾經行過**一些**醫治和趕鬼的工作。我們留意到這點，已經足以達到我們的目的了。我發現桑德斯（E. P. Sanders）在他的「差不多沒有爭論餘地的事實」的列表當中，包括了耶穌的醫治活動。[2]祂是一位知名的醫治者和趕鬼者，因此，耶穌也被確認為一位先知。那些活動，把祂等同於一位先知性的人物，而不是一位彌賽亞類型的人物。所有講及祂的故事，無論它們的歷史基礎是甚麼，都表達祂是一位先知。不管我們視這些故事，基本上是歷史性的，還是視它們為後期的集體創作，這些故事都確定，耶穌是一位先知，祂的行動是神聖能力的彰顯。

那麼，我們的福音書作者幾乎都認為，所有耶穌的神蹟都彰顯神聖的能力。所有醫治的神蹟，都屬於這一類。因為這些是，神拯救能力在作工的例子。這也是當耶穌說：「你的信心救了你」的時候，所要突出的意念。驅趕污鬼，以及恢復生命和健康，顯示神的救恩，正在爆破性地進入世界。福音書著作者們也把耶穌餵飽羣眾的事件，表達為神的顯現，就是神聖能力的彰顯。而且，他們提醒我們出埃及的經驗，因為這些故事挑起我們回想，以色列人如何在沙漠中被餵飽。同樣，耶穌平靜風浪的能力在提醒我們，神正掌管自然界：在水面上行走的記載，也在提醒我們，和以色列人逃難過紅海的經歷。這些神蹟與在第一章所提及到的，第一類的預示性行動相似。它們全部都是神聖能力的直接彰顯。福音書作者們都清楚地看見，這是神透過耶穌作工。

然而，許多不同的神蹟故事(這些記載包括：耶穌醫治男人和女人、驅趕邪靈，餵飽羣眾，以及掌管大自然)，也可以被視為預示式戲劇。因為，這些神蹟，不單是神在現時彰顯能力，同時，它們也指向一些仍然隱藏，但肯定將會發生的事情。事實上，這些事已經開始發生了。醫治的神蹟本身，啟示神賦予生命的能力，但耶穌給約翰的信息，提醒我們，這些神蹟是一個指針，指出耶穌是宣佈救恩要來臨的那一位。[3]在另一個場合裏，耶穌爭辯說，祂趕逐污鬼的事件，是一個記號，說明神的國度，正在爆破性地進入世界，撒但的國度正在粉碎。[4]如果，耶穌是靠著神的指頭，或是神的靈趕逐污鬼，那麼，神的國度是已經來臨了。趕鬼的戲劇，指出了撒但被打敗的隱藏現實。在這件事之後，耶穌隨即繼續談到約拿的神蹟，以及對這個不悔改的世代的審判。[5]耶穌餵飽羣眾，以及掌管大海，顯示神將要拯救祂的百姓。這一次出埃及的經歷，比以前透過摩西所成就的更偉大。所以，所有的神蹟，都是指到一些超越本身的事物。它們是**標記**(signs)，也是**奇事**(wonders)。

在醫治推羅婦人的女兒的故事中，有一個有趣的確認。馬太和馬可福音，均有記載這故事。[6]對於現代的讀者來說，這段敘述令人驚奇的地方，是耶穌不願意醫治這個孩子。兩卷書都記載到，祂唐突地漠視孩子的母親的要求。祂告訴這位母親說：「不好拿兒女的餅丟給狗吃。」然而，當她堅持懇求的時候，耶穌就答允了她的請求。釋經學者很努力地，嘗試解釋耶穌的態度。但是，如果我們記得，耶穌關於神國度的宣講，以及祂的醫治神蹟之間的關聯的話，解釋就是很清楚的了。耶穌的醫治事工，是神的國度闖入過程的一部分，所以，惟有當人憑信心回應祂的時候，醫治才會發生。[7]這位婦人的堅持，顯明她是有信心的。如果耶穌醫治了一個猶太人的孩子，這必然是一個預示性的神蹟，因為這是指出一個事實，神對祂百姓的救恩，即將要臨到。如果一位**外邦人**的孩子得到醫治，這個預示性的神蹟，是指出另一個更加重要的事實。這個事實，就是神的救恩，已經延伸至外邦人。這個好消息將會及時地，傳到他們那裏去。

另一個關乎外邦人得醫治的符類福音故事，也有類似的重點。百夫長的僕人得醫治，顯出百夫長有非凡的信心。他的信心是遠超過耶穌的同胞。[8]這次醫治的意義，可見於馬太福音的補充註釋說：「我又告訴你們：從東從西，將有許多人來，在天國裏與亞伯拉罕、以撒、雅各一同坐席。」僕人得醫治，是將要來到外邦人的救恩的預示記號。這兩個故事，都記載這些醫治，是發生在遙遠的地方，這是不足為怪的。這一點顯示，耶穌並未曾向外邦人宣講福音，因為祂的使命，只是針對以色列人的。馬太福音十五章24節是特別提及這一點。路加福音的材料編排，也暗示這一點，因為他要將針對外邦人的使命，保留給他的第二卷書。

醫治外邦人的第三個例子，是截然不同的。[9]我們甚至不清楚，那在格拉森被鬼附的，**是否**一位外邦人。雖然，他居住在外邦人的地方，這一點暗示他是一位外邦人。那附在他身上的不潔的靈，使他住在不潔的地方。當耶穌驅趕它們的時候，他們轉移到一羣不潔的豬身上。牠們的自毀本能，已經透過那被鬼附的人的行為，表露出來。這種本能在豬的死亡上，達到高潮。邪靈被毀滅，也帶來豬的死亡的後果。撒但的國度在耶穌的權勢下被粉碎。耶穌叫那個甦醒了的人，去**告訴**自己的親屬，主為他所做的，是何等大的事。雖然，耶穌沒有向外邦人宣講，但祂將這宣講的職責，交托了其他人。這是否也是一個標記，説明這一點呢？

2. 其他的先知式行動

現在，我們去看耶穌的另一些明顯有特別意思的行動(雖然不一定是有記號作用的)。這些也可以算是預示式的記號，或是戲劇。我們要記得，「預示式的記號」這個詞語的意思是甚麼。它**不是一種協助**教學工作的視覺輔助工具，相反，它是一套戲劇，**等同於**説出來的**神諭**。它**不是**一個導致一些事情發生的靈驗行動，相反，它是神聖目的的戲劇性的**化身**。若沒有這些記號，神聖的目的，直至現在，很可能還是隱藏的。

有些事件中的行動，是我們非常熟悉的。我們只會覺得，這是「故事的一部分」。就像一些舊約先知的預示式戲劇的例子一樣，我們常常會錯過它們的重要性。因為它們是這樣的平凡。耶穌揀選十二個門徒，明顯地是一件重要的事情，正如祂差這十二個門徒，到以色列人當中實踐使命一樣。桑德斯在一番躊躇之後，把十二個門徒，列入他的「差不多沒有爭論餘地的事實」的列表當中。[10]但那些被認為是包含十二個門徒的各個名單，並沒有納入在內。然而，十二個門徒的概念，已經深植在傳統中。這個數字明顯是象徵以色列的十二個支派。正如耶利米亞(J. Jeremias)很久之前的主張，這羣人的存在，是「宣佈設立末世性神的子民」的。[11]換句話說，十二個門徒的揀選，是一個預示式的標記。他們被耶穌呼召在一起，象徵那些分散了的以色列支派，將會被神召聚在一起。這十二個門徒不僅僅「代表」所召聚的以色列人，耶穌是更進一步，透過指派十二位門徒，與祂一起分享祂的使命。耶穌用一個戲劇化的方式，來表達神對以色列人的心意。這個心意要到將來才實現，然而，這還是未確定的。在耶穌給祂的門徒的應許中，祂確定了這個心意。祂說，門徒會在祂的國度裏有份，坐在寶座上，管理以色列的十二個支派。[12]

四卷福音書都記載到，耶穌為西門重新取名的傳統。

耶穌給他取名叫「彼得」或是「磯法」。[13]一個叫「石頭」的名字，按著彼得的性格來說，似乎是一個十分不適合的化名。這個名字應該不是形容他當時的情況的，它顯然是一個預示式的標記，指出彼得在新的羣體中，將要扮演的角色。[14]這次重新取名的事，提醒我們，何西阿與以賽亞，也曾刻意為自己的孩子，取預示性的名字。[15]

耶穌與稅吏和罪人一吃飯的行動，是另一個預示式的記號，它戲劇化地指出神的赦免，以及神所呼召進入祂國度的人的本質。耶穌與局外人吃飯，激怒了宗教的領袖。這筵席是讓他們先嘗彌賽亞的筵席，這也是那些被邀請到筵席的人的記號，當然也是那些被拒諸於門外的人的記號。在祂總結的話語中，作出了提示：「我來本不是召義人，乃是召罪人。」他們被邀請去參加的筵席，不單單是一個屬地的筵席。[16]耶穌決定花一天的時間與撒該同在，便叫他從樹上下來。這個行動是一個預示式的戲劇，表達出神要拯救失喪的人的目的。[17]撒該即時的悔改，確定了這個標記的真理，啟示出撒該是一位亞伯拉罕的子孫，他同樣可以分享到以色列人的祝福。

耶穌觸怒祂的敵對者，並不是只是因為祂與別人曖昧的交往。我們剛才討論過的，醫治癱子的故事，是另一次同類的事件。對福音書著作者來說，這明顯是一個預示式戲劇，耶穌醫治一了個癱子，他起來拿起他的褥子行走。在耶穌的事工中，這是一個記號，男人和女人都可以經歷到罪的赦免。

在三個場合裏面，是耶穌的**門徒**的行動得罪別人，而不是耶穌自己。在其中一個場合當中，耶穌被問及為何不禁食。[18]在另一個場合中，祂被問及為何他們在做一些違反安息日的事。[19]在第三個場合中，他們被指控，曾經做了一些違背古人的遺傳的事。[20]以這些事件為預示式的戲劇，是十分勉強的，因為這些都不是耶穌自己所引發的。但人們認為耶穌需要為祂的門徒的行為負責，並且耶穌也被看為是為門徒辯護的。再者，有些時候，舊約的先知在他們的戲劇化行動中，也牽涉到其他人。[21]他們處理這個傳統的手法，說明福音書著作者實際上，已把這些事件**當作**預示式的記號。門徒不禁食的事件，被視為新郎同在的記號；門徒掐起麥穗來吃，被理解為人子的權柄，是比安息日更大的一個戲劇性表達；他們不洗手吃飯，被理解為一個「比喻」，說明實際上，入口的不能污穢人，出口的才能污穢人。

因此，耶穌與門徒那惹人生氣的表現，是祂整體信息的一部分。正如祂的比喻，是宣講神國度的來臨，以及扮演神赦免恩典的特性，耶穌與祂的門徒的行動，也同樣戲劇化地證實了，將來的國度的喜悅。這個國度正在爆破性地進入世界。

門徒還做了進一步的行動。這一次是因著耶穌的命令。耶穌最後做了一個解釋性的評語，這也是一個預示式戲劇的例子。這就是記載在路加福音五章1至11節，得了很多魚穫的故事。只有第四福音書記載到一個類似的故事，而那是一個復活的故事。[22]這個故事再一次引發起歷史性的問題，這是否一個神蹟呢？在整個故事裏面，它屬於哪個部分呢？讓我們用路加的表達形式，集中看這個故事。耶穌吩咐西門(他整晚打魚，卻得不著甚麼)，將船開往湖的深水之處，下網打魚。當他這樣做的時候，他需要呼喚雅各和約翰，來幫忙處理這麼多的漁獲。後來，耶穌對西門說：「不要怕！從今以後，你要得**人**了。」這種形式的故事，是一個明顯的預示式戲劇。門徒按著耶穌的命令打魚，肯定是他們作為耶穌的跟隨者，將會做的事的一個標記。

但門徒在他們實踐使命的過程中，將會面對阻力和回應。當耶穌把他們分成兩人一組，差他們出去宣揚好消息的時候，祂吩咐門徒說：凡拒絕他們的人，他們在離開的時候，就把腳上的塵土跺下去。這個戲劇化的行動，是一個明顯的拒絕的記號。[23]

我們三位符類福音的福音書作者，都記載了門徒之間的一次糾紛，是關乎他們的身分地位的。耶穌是這樣回應這次的糾紛的，祂邀請了一個小孩子，來參與在他們的羣體中。然後，耶穌把這個小孩子，融入祂的教訓的重點中。[24]然而，很不幸的是，對於這個言論是屬於哪裏的，福音書著作者意見不一。最直接的記錄是在馬太福音十八章，耶穌在那裏說：「你們若不回轉，變成小孩子的樣式，斷不得進天國。所以，凡自己謙卑像這小孩子的，他在天國裏就是最大的。」這裏有一個很好的見地：門徒嘗試要建立自己的重要性，耶穌提醒他們，他們對身分地位的追求，完全是違背了神國度的原則。他們必須謙卑自己，好像小孩子一樣，對身分地位沒有甚麼要求。耶穌後來繼續說：「凡為我的名接待一個像這小孩子的，就是接待我。」在這個背境之下，這些說話的用意，可能是要提醒我們，耶穌自己是那一位真正謙卑的人。所以，祂是像小孩子的。因此，奉主的名接待一個小孩子，就是接待耶穌本人了。所以，在馬太福音的版本中，對身分地位沒有甚麼要求的小孩子，是象徵那些進入天國的男女，須要具備的態度。

馬可福音九章與路加福音九章兩章的版本，是有些不同的。兩位福音書作者在這裏刪除了要變成小孩子的說話，而把它用在耶穌**祝福**孩子的故事中，其適切性似乎是遠遠不及的。[25]在他們對這次爭辯的版本裏面，耶穌呼喚小孩子的行動，是緊接著，接待小孩子就等同於接待耶穌的言論。這個次序本身似乎沒有甚麼意義。然而，兩位福音書作者都記敍了，關於誰為大的言論。路加把在聚會中常用的聖句：「你們中間最小的，他便為大」，來結束這一段經文。但在馬可福音中，這句說話，是放在耶穌的行動**之前**的。這句話的字眼是這樣的：「在你們中間，誰願為首，就必作眾人的僕人。」在很久以前，馬修．布萊克(Matthew Black)認為，這是一個有行動的比喻，是一個有雙重意義的亞蘭文字*talya*的文字遊戲。這個字的意思，是「孩子」和「僕人」。[26]因此，這個被放在門徒當中的小孩子，其實是一個僕人的戲劇化表達。門徒需要成為這樣的僕人。雖然，福音書作者在寫這個故事的時候，都採用不同的傳統，但他們都視這個孩子，為真實門徒訓練的標誌。

然而，這個故事卻沒有一個真正的預示式戲劇的版本。耶穌使用這個孩子，去證實祂企圖向門徒傳達的一點：祂的行動不是意味著**將會**怎樣，而是**應該**怎樣。因此，這個故事是一個，有行動的比喻的例子，而不是一個預示式戲劇。它對我們是有用的，正是因為它提醒我們，兩者之間的分別。

3. 耶路撒冷

我們現在探討，那些與耶路撒冷有關連的預示式標記。首先，四卷福音書都有記載，耶穌進入耶路撒冷的故事。[27]事實上，所有符類福音的福音書作者，都有描述耶穌特別刻意安排一隻驢子來。這一點突出了他們的信念：**騎驢**入耶路撒冷，是耶穌的一個刻意的行動。但這個行動，有甚麼意義呢？耶穌步履艱辛地走了這麼遠！但在這最後一階段的路程，祂卻要騎驢。四位福音書作者共同見證，這是值得注意的一點，而且這一點是有很扎實的歷史基礎的，因為所有的朝聖者，通常都是步行進入耶路撒冷的。騎驢入城是一種非常大膽和鋪張的行徑，與基督教傳統認為，騎驢是一種謙卑的表現，相距甚遠。[28]馬可和路加堅持，這隻牲畜是從來未被騎過的。這一點意味著，牠是適合被王所騎，或是被用在一些神聖的目上。在馬太和馬可福音裏面，騎驢入城的行動，是緊接著另一件事件，就是耶穌在離開耶利哥，到耶路撒冷的**路途**中，被羣眾喝采歡迎，稱祂為「大衛的子孫」。這件事令我們想起，在列王紀上一章32至40節裏面，大衛在臨終的床上，命令祭司撒督，和先知拿單，使所羅門騎上大衛自己的騾子，護送他到基訓，膏他作王。然後將他帶回耶路撒冷，接受百姓的歡呼喝采。[29]福音書作者當然明白，他們的故事是有彌賽亞的含義的。馬可只是暗示説，羣眾為到「那將要來的，我祖大衛之國」而喝采歡呼。但在馬太福音裏面，羣眾喝采歡迎耶穌，以祂為大衛的子孫。在路加和約翰福音中，祂得到的是王的歡迎。馬太和約翰特別提及撒迦利亞書九章9節。所有符類福音的作者，都描述百姓如何將樹枝，或是衣服鋪在路上。耶穌自己沒有作出解釋，但福音書作者的解釋必定是正確的：耶穌坐在驢的背上，進入耶路撒冷，反而不步行進入，因為祂要作彌賽亞的聲稱。[30]這是預示式戲劇的另一個清楚的例子。神的受膏者，正在進入耶路撒冷，這是標誌著神的國度，必然會帶著權能臨到。

根據符類福音的記載，耶穌在到達耶路撒冷之後，第一個行動就是進入聖殿。在馬太和路加福音裏，祂立刻驅趕那些，在聖殿中賣東西的人。馬太的記載比路加所記載的，更加詳細。馬可福音也是這樣，他把不結果的無花果樹加插入去這個故事中。他這樣做，是要清楚表達，他認為耶穌在聖殿裏的行動，是標誌著將要來臨的毀滅。

所以，讓我們先來看這個不結果的無花果樹的故事。[31]這故事只在馬太和馬可福音出現過，但路加記載了一個類似的比喻，雖然在比喻當中，那個園丁懇求無花果樹的主人，在砍下這樹之前，給它多一年的時間去結果子。[32]這個比喻明顯是給那些不肯悔改和生命不結果的人，警示他們拆毀正等待著他們。因為這個故事含有記號的原素，所以在馬太和馬可福音中引起了一些問題。它本來可能是，一個有行動的比喻，耶穌在當中譴責一棵不結果子的樹。無論它是出自何處，這個故事在馬太和馬可福音裏面，是一個預示式戲劇的例子。耶穌要在無花果樹上找果子。剛巧無花果樹正好是以色列人的象徵。這棵樹本應結出果子來，因為彌賽亞的年代，已經漸露曙光（雖然根據馬可的記載，那並不是無花果結果的**季節**）。[33]這棵樹卻沒有結果子，所以耶穌用一個詛咒來譴責它。這個戲劇標誌著以色列人，未能回應他們的彌賽亞，所以，免不了會引致破壞。

所有福音書都記載了，耶穌在聖殿中活動的故事，[34]並且當中暗示了這個事件，被福音書作者視為聖殿將來要被拆毀的標記。這些暗示主要是在故事的背景中找到。我們曾經提及，馬可把無花果樹的故事，加插在他的敍述中。

馬太將兩個故事放得很接近，又用三個關於以色列人失敗的比喻，作為這兩做故事的支持。這三個比喻，就是兩個兒子、葡萄園以及婚筵的比喻。[35]在路加福音裏面，聖殿的事件，是接著耶穌如何為這個城市哭泣的記載，因為她將要被夷為平地了。[36]在約翰福音，耶穌在祂的行動之後，進一步說了這句話：「你們拆毀這殿，我三日內要再建立起來。」[37]我與桑德斯一樣，很肯定地假設「耶穌極有可能在聖殿中作了**一些**事情」。[38]但**耶穌**是否刻意用這件事，作為聖殿將要毀滅的記號呢？或者這件事只是傳統所理解的，是聖殿的一次「潔淨」呢？這些行動是否應該被視為，基本上是一次**抗議**，而不是聖殿的命運的預言呢？桑德斯否認耶穌這樣做，是一個潔淨的行動。他主張提供適合的牲畜，作為獻祭之用，又提供貨幣，供聖殿稅收之用，這本是聖殿敬拜中，必須有的部分，在當時是算不上是腐敗的。[39]他解釋說，耶穌的行動是一個預示式的標記：「末期將到，聖殿會被毀，新的和完美的聖殿會興起。」[40]但**為何**聖殿會被毀呢？這是否正如桑德斯所認為，單單是為了要建立一個新的聖殿，因為這是末世程序的一部分呢？還是，這是因為神已經審判了祂的百姓，定了他們的罪呢？我已在其他文章中作出爭辯[41]說，雖然桑德斯堅持，耶穌並不是譴責聖殿獻祭本身，但他忽略了聖殿事件的審判意味。福音書作者必然相信，耶穌是譴責那些末能結出道德果子來的人。[42]祂在聖殿中的教訓，確定了愛神和愛鄰舍，是誡命的中心，[43]祂譴責文士的虛偽，和他們欺壓別人的行為。[44]這些比喻顯示，這個民族是被審判的，因為她沒有回應耶穌的信息。同樣，耶穌為耶路撒冷哀哭，[45]也是按著先知的傳統，預告耶路撒冷和聖殿要被毀，因為她的居民沒有回應神。[46]

福音書作著解釋這事件，是將來的拆毀的記號。我一直是假設，這見解基本上是對的。雖然在過去，我曾經主張耶穌的行動，是刻意給那些不悔改的敬拜者一個**警示**，而不是給他們一個拆毀的兆頭。[47]換句話說，耶穌不單是對聖殿中所出現的情況，表示抗議，而且祂是要表明，神聖的審判臨到百姓，是甚麼一回事。然而，在福音書被寫成文字的時候，聖殿可能已經被毀了。所以，無怪符類福音的著作者，理解這個兆頭的意思是，拆毀是無可避免的。他們將這件事，放在耶穌生平的最後一個星期中，令到這個解釋似乎是明顯的。當耶穌在聖殿中造成浩劫的時候，很可能祂仍然是盼望百姓悔改的。如果約翰是對的話，而這事件是發生在耶穌較早期的事奉，那麼，祂的行動很可能是刻意作為一個警示的。[48]

我們必須承認，耶穌的行動，並非將來拆毀的一個清楚的標誌。而耶利米打破瓶，似乎是更適切的表達方法。四位福音書作者一致認為，耶穌所做的，是要攔阻聖殿中的財務交易，就如是兑換銀錢、獻祭牲畜的買賣。在第四福音書，耶穌特別投訴，作買賣的人將聖殿當作市場。[49]

馬可補充說：祂阻止人利用聖殿，作為一個捷徑。這個做法在米示拿(Mishnah)裏面，是被禁止的，[50]因為這活動，有不尊重的意味。我們不應該假設，在聖殿中的財務交易是腐敗的，以致我們會認為，耶穌的抗議是基於一個信念：在那裏敬拜的人，很多都不是用心、用靈魂、用性和用力去愛神的，所以他們所獻上的敬拜，都是空洞的。馬可提醒我們，顯示這種愛是遠超過一切用燔祭和平安祭。[51]他心裏面很可能出現了，撒母耳記上十五章22節的話：

耶和華喜悅燔祭和平安祭，豈如喜悅人聽從他的話呢？

福音書作者明白到，耶穌的行動是指到聖殿的被毀。但事實上，他們是否正確地解釋這些戲劇呢？還是，它本來是指向在聖殿中的敬拜，而不是指到聖殿本身呢？如果我們不考慮，約翰在二章18至22節的解釋，而單獨考慮福音書作者，給我們的**背境**資料的話，這個故事本身，是對聖殿所出現的情況的一個抗議。讓我們暫時假設，**阿摩司**曾用一個預示式戲劇的形式，而不用神諭的方式，來傳達**他的**關於聖殿的信息。他會用做甚麼，去傳達以下字句的負擔呢？[52]

我厭惡你們的節期，

也不喜悅你們的嚴肅會。

> 你們雖然向我獻燔祭和素祭，
>
> 我卻不悅納，也不顧你們用肥畜獻的平安祭。
>
> 因為我不聽……
>
> 惟願公平如大水滾滾，使公義如江河滔滔！

耶穌有沒有可能刻意地，作出這個**預示式的戲劇，代表神拒絕聖殿敬拜**呢？是否因為那些敬拜者，沒有在生活上聽從神的話，所以這個敬拜是否不足夠呢？三卷符類福音的作者，都提及耶穌所講的話：「經上說：『我的殿必作禱告的殿。』你們倒使它成為賊窩了。」這句話與這個解釋必然是吻合的。[53] 做買賣的人被譴責，並不必然因為他們的行為是腐敗的，(雖然他們可能曾經是這樣的) 而是因為，他們對買賣和利潤，比敬拜神更感興趣。如果這是耶穌的行動的原本意思，這就符合祂對那不結果子的無花果樹的抗議；也符合了對葡萄園的租客，未能償還他欠園主的債的比喻。然而，福音書著作者是從另外一個亮光來看這個故事的。他們很有可能是，根據公元後七十年的事件的亮光，來寫這故事的。這是一點也不奇怪的。他們讓它成為這事件的**背景**，使這個預示式的戲劇，能夠指向那個在將來，使敬拜完全停止的事件。

4. 最後的晚餐

我們來到故事的高潮，也是符類福音中的預示式戲劇的最後一個例子。耶穌拿起餅來，祝謝了，就擘開，與門徒分享，說：「這是我的身體。」在飯後，祂拿起杯來，遞給門徒，祂再次說了一句解釋的話。這句話在不同的記載中，有不同的字眼。我的丈夫已經詳盡地討論過這個福音故事，他曾經希望寫一本關於這方面的書。我不可以在這裏探討得很深入。然而，我們至少可以粗略的思想一下，它的預示式戲劇的功能是怎樣的。

耶穌在最後晚餐中的行動，常常被解釋為「先知的標記」，它們很容易被歸納為這一類。[54]先知喜歡使用一些物件，他們將這些物件，「等同」於另外一些東西，例如耶利米對待他的瓦瓶。[55]耶穌在這裏也是一樣。我們曾經探討過，在耶利米的情況中，他打碎瓦瓶的行動，是清楚地標誌著將來的拆毀的。那麼，耶穌擘餅的行動又怎樣呢？**那個**標記是否一個拆毀的記號呢？還是，正如在祂在聖殿裏面的行動一樣，在這件事**之後**，這個解釋會更加清楚呢？在哥林多前書十一章24節，保羅對這個故事的記載中，加插了一個片語*klōmenon*，意思是「打碎」。他是嘗試更清晰地表達擘餅，與耶穌的死的關聯。但我們必須要說，這個記號不是很清楚的，只是幾百年來基督教的解釋，讓它似乎清晰了。當你打碎一個花瓶，你就是破壞了它，但當你擘餅的時候，你就可以**分享**它。這正是耶穌在這裏所做的。祂將餅分給門徒，讓他們都可以吃。所有的資料都一致贊成，當祂這樣做的時候，祂說：「這是我的身體。」再者，我們誤解了所發生的事，因為我們解釋*sōma*(身體)，就是「肉體」的意思。但在猶太人的背景中，*sōma*這個字，必定是有「自我」的意思。[56]換句話說，耶穌是在表達：「這是我自己，這就是我。」我的丈夫被羅伯特．伊斯勒(Robert Eisler)的思想所困擾。後來，他的思想被大衛．多布(David Daube)[57]所取用，又在近期被德博拉．卡邁克爾(Deborah Carmichael)[58]所發展。羅伯特．伊斯勒認為，要了解耶穌的行動，我們需要看*afikoman*這個字。它是一塊未發酵的麵包，在逾越節晚餐開始的時候，人們會把它從一條長麵包中擘出來，擱在一旁，[59]然後在晚餐結束時，一起分享。沒有人清楚知道這個古老規矩的來源，但多布認為*afikoman*是從希臘文*aphikomenos*衍生出來的，意思是「那位要來的」。他主張，這條長麵包代表以色列人，而被擘出來的那部分，就代表彌賽亞。如果這個主張是對的話，就可以幫助我們明白，為何耶穌會理解餅(即麵包，下同)是代表祂自己。多布與卡邁克爾都解釋，這是耶穌向門徒的自我啟示，將祂自己等同於彌賽亞。但這並不能真正解釋，耶穌在最後的晚餐裏**所做**的事，因為祂**擘開**那個餅，並且傳開去。它與門徒分享這個餅。這個動作是重要的。擘餅在其後有多次被提及。這就證明了它是重要的。例如是：兩個門徒在擘餅的過程中，認出是復活的主。[60]門徒要聚在一起擘餅。[61]保羅稱聖餐時用的餅為「我們所擘的餅」。[62]耶穌在閣樓擘餅的動作是重要的，但這個動作是甚麼意思呢？

我的丈夫認為，耶穌採取了一個日常的動作，就是擘餅和分餅。這個動作本身傳達了一個團契的意念，並且賦予它一個特別的含義。祂把餅擘開，用一個明顯是令人難忘的方式，將它分給門徒。就如所有的預示式戲劇一樣，這個動作有大規模的影響。耶穌透過這個行動，表達出神聖的活動正在作工，正創造和聯結新的羣體。這個餅是被許多人分享的，但一個餅是標誌著，羣體只有一個。這個羣體是一羣有共同思想的男女，不單如此，耶穌將祂死後的存在與活動的職責，交托給他們。在某方面來說，這個行動就像以利亞一樣，將自己的外衣搭在他身上。[63]然而，耶穌的行動，也不純粹是標誌著一個繼任，而是一個新羣體的創立，甚至可以說是以色列的新創造。最後晚餐的一切記載，都強調十二使徒的存在。他們是以色列的象徵。[64]耶穌的字句，本不是為祂救贖的死的重要性，作一個註釋。相反，祂是指到，神因著祂死亡的**效果**，所做的工作的重要性。這個餅的分享，代表了教會的誕生。這個傳統是強調分享的元素，他們分享同一個餅，從同一個碟中取食物，[65]也喝同一個杯。[66]

哥林多前書十章16節及後提及主的晚餐，這段經文確定了這個解釋。保羅在這裏解釋擘餅是代表甚麼：它是在基督身體裏面的*koinōnia*(同共的分享)。這一點明顯是重要的，因為他的說明是很詳細的：「**我們雖多，仍是一個餅、一個身體，因為我們都是分受這一個餅。**」這個解釋是值得注意的，因為保羅在這段經文的關注，並不是要強調基督徒羣體的合一(保羅在林前十一章，討論到主的晚餐，並且在林前十二章，用身體作類比的時候，是採用這個主題的)。相反，他的關注點是要強調，他們不能又吃主的筵席，又吃鬼的筵席。[67]保羅在這裏詳細說明，透過**分享**這個餅，很多的個體，便成為一個羣體。這個羣體可以被形容為「一個身體」。這是否被認為，[68]是保羅對作為**基督**身體的教會，最原先的理解呢？常常有反對的聲音說，[69]吃這個稱為「基督的身體」的餅，與**成為**基督的身體，是有很大差別的。但它忽略了一個事實，在吃這個餅之前，先是有**分享**的。如果耶穌**分享**這個餅的行動，是代表一個羣體的創立，來延續祂的生命和工作的話，那麼，保羅用「基督的身體」這個片語，來稱呼這個羣體，是可以解釋和適切的。教會是基督的身體，因為她的成員所擘的餅和分享的，是在基督身體裏的共同分享。

當保羅在哥林多前書十一章29節說到關於那些「不分辨這個身體」的人，他是否指到這方面呢？這些字句的背景，肯定就是保羅投訴哥林多羣體的分裂。這種情況，尤其是在主的晚餐時，是特別明顯的。因為*sōma*這個字有雙重的意義，保羅有可能是在玩文字遊戲。如果任何人不分辨這個身體，就是整個基督徒羣體所共享的團契，他便不配吃主的餅，和喝主的杯。他干犯了主的身體和血，他倒吃喝了自己的審判。

對於保羅來說，這杯酒是「那杯祝福的酒，是我們所祝福的」，也是一個*koinōnia*，共同分享基督的血（林前十16）。但在最後的晚餐本身中的酒，又是甚麼呢？這裏的證據並不清楚，而我的丈夫有傾向認為，關於酒的傳統，並非是來自閣樓的。即使這個杯是被不同的解釋所覆蓋。事實上，我們所有的傳統（包括林前十16及後的引述）都講到**一些**關於這個杯的事，暗示它是屬於原來故事的一部分。再者，它們全都是指到**那個杯**，而不是指到酒本身的，因此，也強調也分享這個酒的事實。在路加福音，「第一個」杯是給門徒的，並且帶著特別的命令：「你們拿這個，大家分著喝。」[70]在符類福音關於這個杯的記載中，有一個有趣的特色：它們全部都與將來批准進入神的國度有關。在馬可和馬太福音裏面，這個故事是以耶穌的話結束的：「但我告訴你們：從今以後我不再喝這葡萄汁，直到我在我父的國裏同你們喝新的那日子。」[71]在路加福音，這些說話是接著，在進餐的**開始**時喝這個杯，接著就是一句類似的說話：不再吃這逾越節的餐，直等神的國來到。[72]如果我們接受，路加福音的較短版本（刪除了19下～20節）的話，正如我在任何情況下都會這樣做，那麼，他的敍述完全是強調，將來神的國度的成全。耶穌在路加福音稍後的記載中，向門徒說：「我將國賜給你們，正如我父賜給我一樣，叫你們在我國裏，坐在我的席上吃喝。」[73]耶穌將一個杯輪流傳給門徒，這個肯定是另一個預示式的行動。

他們在喝這杯酒的時候，他們是否扮演著，**未來神國度的來臨，以及彌賽亞的婚筵呢？**在猶太人對未來祝福的描述當中，酒是佔了重要的部分。[74]因此，它是會在彌賽亞的婚筵中飲用的。在I QSa 2裏面，當描述到末日的羣體筵席時，特別提及到餅和酒。[75]保羅也有這種前瞻性的元素，即使對他來說，他現在的著重點是針對基督的死。在哥林多前書十一章23至26節祂用這句話結束最後的晚餐的記載：「我當日傳給你們的，原是從主領受的，就是主耶穌被賣的那一夜，拿起餅來，祝謝了，就擘開，說：「你們每逢吃這餅，喝這杯，是**表明(宣講)**主的死，**直等到祂來**。」這個禮節是基於原先的故事，就是聖餐的慶典。現在，它本身成為一齣由這個羣體扮演的戲劇。這齣戲劇是宣講基督的死，直等到祂來。

我們所有的傳統(除了路加福音的較短版本以外)，都把酒與耶穌的血連在一起，也因此特別與祂的死連在一起。然而，所有的傳統也解釋它為**立約的**血，為多人流出來(或是在路加福音：「為你們」)。[76]我們在這裏，再次遇到神在創造新的羣體的見解。在哥林多前書十章16節中粗略的引述，只是簡單講及這個祝福的杯，是共同分享基督的血。然而，我們剛才看過，新羣體的概念是17節中所強調的。出埃及記二十四章記載神與祂的百姓立約，摩西把立約的血灑在百姓身上。[77]現在耶穌把酒拿給門徒，福音書作者也視它為另一個戲劇化的行動，代表神透過耶穌的死，設立了新約的事實。倒進杯裏面的酒，是指到耶穌在死亡中傾出生命。[78]但酒是**可以喝**的，把它與血比較，這一點是異常的。雖然酒代表了血，但血是不可以飲的。[79]然而，雙方透過一起吃喝，進入立約的關係，並非不尋常的。[80]門徒分享這個杯，顯示他們所有人，現在都分享了神與祂百姓所立的約，以及這個約所帶來的新生命了。喝這個杯，就像吃這個餅一樣，意味著門徒是立約羣體的成員，他們將會分享彌賽亞的筵席。因此，約的概念將兩個概念(血的傾流和喝這個杯)緊扣在一起，否則兩者就不能協調了。

以下這兩個概念有可能，在最後晚餐傳統中，已經聯合在一起了。第一就是，期待彌賽亞筵席所喝的酒。另一個就是，在死亡中傾流血，訂立了新約。這兩個概念被放在一起。喝下去的酒，與傾倒出來的酒(酒代表流出來的血)合併在一起。對於杯的果效的說法，與餅的果效的說法是一致的。這個過程的證據，可以在路加福音中找到。當中(在較長的版本中)有兩個杯，第一個杯是與在神的國度中吃喝的觀念結合的(這是所有傳統共有的主題)。另一個杯，是傾流出來作為「用我血所立的新約」的。這些不同的傳統，是否都是指同一個杯呢？第一個杯有可能代表，關於這杯酒的早期傳統嗎？無論我們接受哪一份原文，第一個杯都是路加傳統所確定的部分。另一個的說法，是讓路給基督教義的，這是否代表關於酒的言論，已經變成與餅的一樣呢？

學者們的注意力，大部分總是集中在，餅與酒本身的元素的意義上，以及耶穌所講到關於餅和酒的字眼。現在我們應該考慮，到底祂的行動至少是否與祂所用的字眼和元素，同樣重要呢？耶穌用餅和酒所**做**的行動，成為教會禮儀的基礎。正如保羅和路加，有特別的命令，提醒我們要「如此行」。我認為擘餅與喝酒是，應該被了解為先知性的行動，指出在耶穌的死和透過祂的死，所帶出的意義。

這些最後晚餐的傳統，使符類福音中，耶穌的戲劇化行動的記錄得以完全。當然，第四福音書對這最後的晚餐，有十分不同的記載。然而，我們必須要留待最後一章，才作討論，因為那一章是關於福音書著作者對耶穌的預示式行動的理解。

註釋：

1. 太十四33。
2. E. P. Sanders, *Jesus and Judaism,* 11.
3. 太十一4及後//路七22。
4. 太十二25～29//路十一17～22；比較可三23～27。
5. 太十二38～42；路十一29～32。
6. 太十五21～28；//可七24～30。
7. 對比太十三54～58//可六1～6。
8. 太八5～13//路七1～10；比較約四46～54。
9. 可五1～20//路八26～39。在太八28～34，是關於兩個男人的，雖然這故事，比較馬可和路加福音的記載，是短很多，而且缺少了很多細節。

10. E. P. Sanders, *Jesus and Judaism,* 101.

11. J. Jeremias, *New Testament Theology,* Vol. 1, 235.

12. 太十九28//路二十二28～30。

13. 當馬可和路加列出門徒的名字時，有提及這一點（可三16；路六14）；馬太將它與在凱撒利亞腓立比，重新取名的事結合起來（太十六18），而約翰則把它與耶穌第一次會見彼得的事，拉上關係。（約一42）

14. 馬可告訴我們，在可三17中，耶穌也給西庇太的兒子取名叫「半尼其」，「雷子」。不幸地，其意義是含糊的。

15. 何一3～9；賽八1～4。

16. 太九3//可二17。*kaleō*個動詞的意思是「邀請」，但這個含意，在路加的版本中已經失掉了，因為他加上*eis metanoian*（路五32）。

17. 路十九1～10。

18. 太九14//可二18//路五33。

19. 太十二2//可二24//路六2。

20. 太十五2//可七5。

21. 耶利米在耶三十五章，使用利甲全族的人，是一個很好的例子。

22. 約二十一1～14。

23. 太十14及後//可六11//路九5；比較路十11及後。

24. 太十八1～5；可九35～37//路九47及後。

25. 可十13～16//路十八15～17；對比太十九13～15。

26. *An Aramaic Approach to the Gospels and Acts,* 218～223.

27. 可二十一1～9//可十一1～10//路十九28～38；比較約十二12～16。

28. 比較 A. E. Harvey, *Jesus and the Constraints of History,* 121。

29. 見 B. R. Kinman, *Jesus' Entry into Jerusalem,* 頁49～54、109～113是探討這事件，與路加的故事的相關性。

30. J. F. Coakley新近的主張（基於約翰與路加福音）說，耶穌騎驢的行動，是祂不情願的。這個論點不能說服我。見'Jesus' Messianic Entry into Jerusalem'。

31. 太二十一18～22//可十一12～14、20～24。

32. 路十三6～9。

33. 這兩點，可見William Telford, *The Barren Temple and the Withered Tree*。

34. 太二十一12及後//可十一15～17//路十九45及後。比較約二13～17。

35. 太二十一28～二十二10。

36. 路十九41～44。

37. 約二19。

38. E. P. Sanders, *Jesus and Judaism,* 61；我將其中一些字改成粗體。

39. 然而，這些事情的管理**方式**是容易引致腐敗的。桑德斯有一個很不同的評估，見Craig A. Evans, 'Jesus' Action in the Temple'。他指出批評祭司制度的證據。

40. *Jesus and Judaism,* 75.

41. 'Traditions about the Temple in the Sayings of Jesus', 7～19.

42. 加插到無花果樹故事中的。見太二十一33～46//太十二1～12//路二十9～19的葡萄園的比喻。

43. 太二十二34～40//可十二28～34。

44. 太二十三1～36//可十二38～40//路二十45～47。

45. 太二十三37～39//路十三34及後，比較路十九41～44。

46. 特別見，耶七1～15；在這一方面，三卷符類福音中，也有引用11節。比較彌三9～12。

47. 'Traditions about the Temple in the Sayings of Jesus'，收於*The Gospel according to St. Mark*, 261～266。

48. 比較我丈夫的評論：他寫道：「有些處境中的預示式戲劇，是仍然有可能悔改的，而其應驗也非無可避免的。」(W. D. Stacey, *Prophetic Drama in the Old Testament,* 275)。見耶十八18：如果這個國家悔改，神可能會保留它；在耶二十七章：國家可以拒絕不背負巴比倫的軛，雖然如果她拒絕的話，她會遭受毀滅。

49. 約二16，見下面註釋52。

50. M. Berakoth 9.5.

51. 可十二28～34；比較太二十二34～40；路十25～28。

52. 摩五21及後、24節。

53. 比較約二16，耶穌要求商人不應該把祂父親的殿，變成「市場」。

54. W. D. Stacey, 'The Lord's Super as Prophetic Drama'。比較 Norman, A. Beck, 'The Last Super as an Efficacious Symbolic Act.' 在「預示式戲劇」與「有效的象徵性行動」這兩個題目上，每一位作者在他們所選擇的語言中，都概括了他們在進路上的差異。Beck在他整篇文章中，都假設先知式的行動，是「有效的象徵行動」。他（正確地）從「比喻性行動」，或純粹是例子的當中，把它們區分出來。然而，他（跟隨了Wheeler Robinson和Fohrer）假設他們的行動是「發動神聖的活動」。這一點正是我的丈夫所爭論的。他主張先知式行動，不是「比喻性的」，也不是「有效性的」，而是表達神聖的旨意的「戲劇」。

55. 耶十九章。

56. 見G. Dalman, *Jesus-Joshua*，142及後，雖然他在這個背景中，拒絕這樣的解釋。比較J. A. T. Robinson, The Body, 11～16; E. Schweizer, 'σῶμα', *TDNT* VII, 1971, 1059。

57. David Daube, *He that Cometh*; 'The Significance of the Afikoman'; *Wine in the Bible.*

58. Deborah Carmichael, 'David Daube on the Eucharist and the Passover Seder'.

59. 這個當然不能確定，最後的晚餐**是**一頓逾越節的晚餐。我認為證據是支持約翰的日期的。

60. 路二十四35。

61. 徒二42、46，二十7、11。我們常常假設，這些經文是指到某種*agape*，而不是主的晚餐。無論這頓飯的性質是甚麼，擘餅的行動明顯地，是已經有了新的意義了。

62. 林前十16。

63. 王上十九19～21。

64. 太二十六20；可十四10；路二十二14「門徒」；比較路二十二30，在當中耶穌與門徒「立國度的約」。他們要透過審判以色列的十二個支派，來分享祂的權柄。約六67也把十二位門徒，與聖餐的傳統結合起來。可能比較13節。

65. 太二十六23//可十四20，比較約十三26。

66. 太二十六27//可十四23，比較路二十二20。

67. 這個主張，與保羅在之前幾章（六12～20）所用的，形成一個類比。在那裏，他主張基督的肢體，不應該與妓女有性的聯合。他不可以同時是基督的肢體，又是妓女是肢體。

68. 例如是 A. E. J. Rawlinson, 'Corpus Christ'。

69. 例如是 J. A. T. Robinson, *The Body,* 57。

70. 路二十二17。

71. 太二十六29//可十四25。

72. 路二十二18。

73. 路二十二29及後。

74. 酒是一個祝福的象徵。創二十七28，因此是象徵將來的恢復，和彌賽亞的國度；見賽二十五6；摩九13及後；何二22；珥二24～26，三18；II Bar. 29.5；I Enoch 10.19。

75. 也比較 I QS 6，它描述這頓約的羣體的膳食，是為未後的日子而預備的。

76. 在路二十二29及後的言論，是否就是這個發展的源頭呢？耶穌說要傳遞祂的權柄給祂的門徒，這些說話肯定是重要的。（「立國度的約」）可見於最後晚餐的背景中。

77. 出二十四8。

78. 在希伯來人的思想中，用來獻祭的動物的血，是代表牠的生命。見利十七11。

79. 比較利十七10～14。

80. 見創二十六26～31；三十一43～54；撒下三17。比較 Ake Viberg, *Symbols of Law,* 70～76。

第四章
「不單是一位先知」

現在讓我們探討，四位福音書著作者解釋耶穌預示式行動的方法。我們已經探討過的證據，不用說，也帶著他們的解釋的痕迹。但我們現在關注的是，每一位個別的作者，處理他的材料的獨特方式。[1]

1. 馬可福音

我們從馬可福音開始，因為我仍然相信，馬可的優先權是最有可能的假設，去解釋福音書的來源。馬可所記錄的神蹟，差不多所有都是出現在福音書的前半部。這一點是值得留意的。正如一些人認為，他是必須要這樣安排的，以致不會令我們有一個錯謬的基督論，[2]而是要說服我們，耶穌超越那些在祂之前的先知。馬可首先告訴我們，耶穌運用權柄的行動，包括許多的神蹟，於是引發了一些關乎祂權柄的來源的問題。在一次與文士的爭辯中，耶穌斷言祂是憑著聖靈的能力行事，而不是靠別西卜。所以，我們至少知道，祂必定是一位真先知，不是一位假先知。接著下來，是一連串更加非凡的神蹟。每一件神蹟都使人懷念，昔日摩西所行的神蹟。但耶穌的神蹟，卻被詮釋為比摩西所做的更偉大。耶穌的行動，超越了我們對一位先知所期望的。因此，就引起了這個問題：「這到底是誰，連風和海也聽從了他。」[3]作者已經令到我們，認為耶穌是比先知更偉大。作者告訴我們兩次，羣眾的意見認為，祂是某類型的先知。但在該撒利亞腓立比，彼得偶然發現一部分的真相，承認耶穌是彌賽亞。馬可解釋耶穌這些「先知式」行動，不單只是神的國度，突然闖入的戲劇化神蹟，也不單純是神聖能力的彰顯，而是要似是而非地，彰顯耶穌本身是超越先知的。

因為神蹟可以告訴我們，耶穌是誰。所以，瞎子得看見的神蹟，是這麼重要。因此，馬可將瞎子得醫治的記載，放在敍述中的策略性位置。[4]只有那些張開眼睛的人，能夠看到耶穌的真相；只有那些耳朵沒有塞子的人，才能聽到和宣揚這個好消息。[5]在祂的事奉裏面，男男女女的眼睛和耳朵，仍然沒有向真理開放。但這些神蹟是，復活後**將會**發生的事的戲劇化神蹟。緊接著該撒利亞腓立比的事件，就是登山變像的故事。當中有三位門徒，有共同的異象，瞥見耶穌的真相。在本書的第一章，我認為這些異象，十分類似預示式的戲劇，因為這些也是神聖旨意的表達。馬可在事件中所描述的，是福音故事結束時的啟示，就是耶穌在榮耀中被人看見，而且被認定為超越兩位過去的先知——摩西和以利亞。[6]

我們已經探討過，馬可如何使用，耶穌在耶路撒冷所行的預示式戲劇。讓我們現在來探討，其他人在那裏所做的兩個行動，是馬可清楚地解釋為預示式戲劇的。首先是伯大尼的女子，膏耶穌的頭的故事，[7]作者告訴我們，耶穌自己解釋，這位女子所做的，是一個預示式戲劇。祂評論說：「她是為我安葬的事，把香膏預先澆在我身上。」她的行動是向前指到耶穌的死，但這不能使耶穌的死，成為必然會發生的事。相反，這是將會發生的事的一個戲劇性記號。但有趣的是，**馬可**似乎賦予她的行動，有另一個意義，就是把她的行動解釋為，耶穌的君王身分的一個預示式戲劇。在馬可和馬太福音中，耶穌被膏的部位是頭，但在路加和約翰福音裏面，是耶穌的腳被膏的。[8]由於，在馬可福音中，耶穌是透過祂的死亡，被宣稱為君王及彌賽亞的。這兩個主題明顯是結合在一起的。我們認為，福音書作者理解這位女子的行動，是一個埋葬耶穌的標誌，也是膏立祂作彌賽亞的標誌。我們這樣的看法，可能是正確的。

第二個行動，是由大祭司所做的。當耶穌宣告人子會得榮耀，坐在神的右邊的時候，大祭司的回應是把衣服撕裂。[9]正如該亞法在約翰福音十一章50節中所作的評語，約翰福音的作者把這句話理解為，關於耶穌死亡的一個不智的預言。馬可很可能視這位大祭司的行動，為一個不自覺的預示式戲劇。大祭司**以為**他撕裂衣服，是因為耶穌的褻瀆。但事實上，他的行動是期待著，在十五章38節中聖殿的幔子被撕裂。而幔子的撕裂，也是將來聖殿被拆毀的兆頭。[10]大祭司的行動，表示將來會發生在聖殿的事。耶穌的仇敵的其他行動，也有一個他們所不知道的意義。兵丁嘲弄耶穌，把紫袍加在祂身上，歡呼喝采祂為王。[11]他們不領悟自己正在宣稱真理；刻在十字架上的文字，雖然其用意是諷刺耶穌的，但卻宣佈了祂就是猶太人的王。[12]這些行動有作為預示式戲劇的**功用**，不是因為做這些行動的人是先知，而是因為神在透過他們作工。

正如在馬可福音八章11節中，敵對者要求耶穌行神蹟，祂拒絕了他們的要求。耶穌還**拒絕**了另一個行動，就是從十字架上下來，證明祂是彌賽亞和以色列人的王。耶穌的拒絕被福音書作者理解為，這件事的**真正**標記，這是十分弔詭的。祂的敵對者奚落祂說：「他救了別人，不能救自己。」馬可福音的讀者肯定明白，這句話的意思是說，如果耶穌**要**救自己的話，祂就不能救其他人了。耶穌的「無為」，對馬可來說，是一個救恩的預示式戲劇。[13]

2. 馬太福音

整體來說，馬太所描繪的圖畫，與馬可的差不多，只增加了兩個明顯的預示式戲劇。第一個出現在第一章，當約瑟為瑪利亞的孩子取名為「耶穌」的時候。約瑟本身並不是一位先知，他只是執行一位天使的指示，就好像以賽亞和何西阿的為孩子取名一樣。重要的是，這個名字的**意思**是「雅威拯救」，「因他要將自己的百姓從罪惡裏救出來。」[14]

另一個真正的預示式戲劇出現在馬太福音二十一章14節。馬太告訴我們，耶穌如何在聖殿趕走商人之後，祂隨即告訴我們，瞎子和瘸子來到聖殿裏面找祂，從聖殿中趕走一羣人，接著又是另一羣人進來，形成一個有趣的對比。我們記得在撒母耳記下五章裏面，大衛王如何在攻打耶路撒冷的時候，被城中的居民嘲弄說，即使瞎子和瘸子，都能夠把他趕走。大衛攻打這個城市，並且攻陷了。因此，有俗語說：「瞎子和瘸子不能進屋去。」(撒下五8) 但現在瞎子和瘸子來到聖殿裏面找耶穌，耶穌卻沒有把他們趕走，反而透過醫治來歡迎他們，而沒有像剛才一樣趕走商人。那麼，這個預示式戲劇的意思是甚麼呢？馬太是否想指出，從現在開始，沒有人會因為身體殘疾的緣故，被逐出敬拜的羣體。[15]耶穌在下一節被高舉為大衛的子孫，這個事實顯示，祂在這裏被視為一位比大衛更偉大的人，所以能夠推翻大衛的禁令。

馬太福音另外有兩件獨特的記載，是值得留意的。在二章1至12節裏面，博士來訪的幼年敘述中，我們可以主張，它的**功用**是預示式的戲劇。因為它預表外邦人對基督的崇敬。同樣在二十七章52節及後，聖徒的復活，也前瞻性地指到耶穌的復活，以及信徒將來的復活。但這些事件**行出來**的時候，都沒有任何預示式戲劇的含義。

正如在馬可福音一樣，馬太理解這些神蹟是關於「耶穌是誰」的暗示。有點奇怪的是，祂趕鬼和醫治的工作，被視為以賽亞書五十三章4節的應驗。[16]施洗約翰派使者詢問耶穌，祂是否那一位要來的。耶穌用以賽亞書中，不同章節的懷舊語言來回答。[17]在十五章30節及後的標題總結中，也有用類似的語言。因此，這些神蹟是明顯的記號，說明耶穌是應驗了先知的盼望。正如馬可福音一樣，馬太福音也強調，在辨別耶穌是誰的記號上，門徒顯得遲鈍。但馬太有他自己的表達方式。他刪除了那個在兩個階段中得醫治的瞎子的故事，卻按次序保留了法利賽人要求神蹟的片段；門徒未能理解，耶穌關於發酵的比喻，以及彼得在該撒利亞腓立比，掌握到真理的片段。[18]

最後，我們應該留意，馬太明顯地是關注，要指出耶穌是比摩西更偉大的。屠殺無辜者，以及從埃及回歸，明顯是一些象徵的例子。[19]登山寶訓是耶穌**從**山上傳遞的講章，它反映了馬太的信念，認為耶穌的教導是超越摩西的。在五章21至48節裏面一連串的對偶句，就特別強調這個概念。但無論耶穌是如何的超越，馬太對耶穌的理解，都與先知的模式有關。

3. 路加福音

在路加福音的耶穌降生故事中，我們發現兩個明顯的預示式戲劇，就是為約翰和耶穌取名的事件。他們兩人所取用的名字，都是按天使的指示，而路加描述兩個取名的儀式，都是重要的。[20]他沒有解釋兩個名字的意思，但有福頌(The Benedictus)詳細說明了，約翰這個名字的意義是：「雅威已經施恩」，[21]而尊主頌(The Magnificat)則詳細述說，耶穌這個名字的意義是：「雅威拯救」。[22]

福音書的內容，大部分都描繪耶穌為一位先知。路加福音把耶穌到拿撒勒會堂的探訪記載，放在祂的事奉的最起頭。[23]耶穌讀以賽亞書六十一章，宣佈這段經文，要在祂身上應驗。祂是那位先知，有神的靈在祂裏面作工。在接著下來的講論中，祂宣告說，沒有先知在家鄉是受歡迎的，而且提及以利亞和以利沙先知，都是被差到外邦的。接著下來的幾章經文，就詳細說明了以賽亞書六十一章是怎樣應驗的：耶穌宣講神國度的好消息、醫治病人、釋放被污鬼捆綁的男女、向貧窮饑餓的人宣講好消息，以及叫寡婦的兒子從死裏復活。這個故事使人懷緬以利亞和以利沙，因為他們都有類似的功績。[24]百姓對最後的事件的回應是宣告：「有大先知在我們中間興起來了！」施洗約翰隨即派使者前來詢問，到底耶穌是否將要來的那一位。於是，耶穌醫治百姓的各樣疾病，包括許多的瞎子也得看見(這是在賽六十一章的引用中，惟一在以前未曾應驗的一項)，所以祂吩咐使者，去告訴約翰，他們所看見的事情。[25]根據馬太福音的版本，在故事當中，耶穌是直接回答使者，沒有停下來行醫治的神蹟，但兩位福音書作者都明顯地以這些神蹟為「記號」，證明耶穌是眾先知們所期待的那一位。

路加在前頭幾章，都一直強調耶穌**所做的事**。他記述了平原上的講道(Sermon on the Plain)，但他的版本比馬太的登山寶訓短很多。這次講道的作用，是要實現耶穌的聲稱：祂來的目的，是要傳好消息給貧窮人。毫無疑問，路加視耶穌為一位實現先知角色的人，特別是以利亞的角色。他在九章51節中告訴我們，耶穌被接上升的日子將到。這個片語使人回想起，以利亞的情況。隨即發生的事，就是兩位門徒想叫火從天上降下來，毀滅那些不好客的撒瑪利亞人。這個故事也使人回想起，在列王紀下一章9至12節關於以利亞的故事，雖然這個故事，是描述以利亞真的叫火從天上降下來。幾節經文之後，路加記載到，耶穌呼召兩個人，他們想先處理好家裏的事，才跟隨耶穌。[26]這個故事包括了幾個，在列王紀上十九章19至21節中，以利亞呼召以利沙的回響。[27]

耶穌在路加福音中，接管了以利亞的角色，這似乎是主要地取代了，施洗約翰的位置。不錯，天使在一章17節中告訴撒迦利亞，約翰要有以利亞的心志能力，行在主的前面。不錯，在七章27節中，耶穌把瑪拉基書三章1節中的使者，等同於約翰。在馬可和馬太福音中，耶穌有兩句說話，是把約翰等同於以利亞的。然而，路加卻沒有使用這兩句說話語。路加刪除了在登山變像之後，耶穌與門徒之間的對話。耶穌在對話當中，說以利亞已經來了。[28]路加也沒有記述，耶穌在馬太福音十一章14節的說話。在這裏，耶穌清楚地把約翰等同於以利亞。雖然在路加福音，施洗約翰在某程度上，是應驗了以利亞的角色，但是他某部分的角式，卻是保留給耶穌自己的。如果我們還記得，在路加福音一至二章中，約翰與耶穌之間的類比，畢竟這一點是不足為奇的。

但是，從路加福音十章1節開始，對以利亞的懷緬開始減退了。當路加提及，耶穌到耶路撒冷的旅程時，他的腦海中所出現的先知，必然是摩西了。約在四十年前，埃文斯（C. F. Evans）[29]認為路加福音九章51至十八章14節是根據申命記，和以色列漂流曠野的模式來寫的。有些類比是比另外一些類比，更加有說服力的。即使埃文斯的解釋，是完全正確的，但有一個有趣問題出現了，就是**為何**路加要這樣，建構他的旅程記敘呢？路加是否要表達，耶穌是一位新的，也比以利亞更偉大的人呢？不單如此，路加是否要表達，耶穌是一位新的，也是比摩西更偉大的人呢？但重點必然是在**更大**這個字上面，因為在末日的時候，沒有一個角色是大到一個地步，足以能夠形容耶穌。在路加福音九章裏面，當總結到羣眾認為，耶穌是誰的意見時（8、19節），路加特別兩次提及以利亞，兩次都是在該撒利亞腓立比，被拼棄為不適切的。在登山變像裏面，摩西和以利亞出現，與耶穌交談關於祂將來的「出埃及」（31節）。這個字眼用於耶穌的死，是不尋常的，但這個字眼清楚顯示，路加是認為，耶穌的死和復活，是第二次的出埃及。於是，從某個意義來說，耶穌本身是摩西的一位繼承者。但從雲中出來的聲音，認定了耶穌就是神的兒子，所以，祂是超越了摩西和以利亞的。

在路加福音的最後一章，再次出現了耶穌的雙重主題：祂是先知的應驗，以及祂自己是一位先知。那個身穿耀眼衣服的人，在墳墓中遇見那些婦女，提醒他們，耶穌自己曾經預言過，祂要死和復活（路二十四6及後）。兩位門徒在到以馬忤斯的路上，談及耶穌是「一位說話和行事都有大能的先知」（19節）。於是，「耶穌從摩西和眾先知起，凡經上所指著自己的話，都給他們講解明白了。」（27節）稍後，在同一章裏面，祂提醒十一個門徒，祂曾經對他們講過，在摩西律法，先知書和詩篇中，所有寫到關於祂自己的，都必須要應驗（44節）。在這裏，祂被看成為是一位先知，而且又是先知和其他人所論及的。因為在耶路撒冷所發生的事情，是應驗了祂自己的話，也應驗了聖經裏面的話。於是，耶穌是被實證為是在申命記十八章21節所應許的，像摩西的一位先知。[30]

4. 約翰福音

我們終於來到第四福音書了。耶穌作為第二位摩西的主題，明顯也是一個重要的主題。我們已經注意到那些提及「先知」的經文。[31] 例如：在一章21節中，施洗約翰否認**他**是那些要來的先知；在六章14節及七章40節，羣眾總結到耶穌是誰。雖然，給耶穌一個「先知」的銜頭，並不是太適合，但是，它表達出一部分關於祂的真相。因為祂是那一位，說出神給祂的話，就像摩西所預告的先知一樣。[32]

祂就是腓力所承認，摩西在律法上所寫的那一位。[33]在整卷福音書中，都有許多與摩西的對比和類比。在福音書的前言裏面，也詳細說明了一個主題，是基於出埃及記三十三至三十四章的。[34]律法本是藉著摩西傳的，恩典和真理都是由耶穌基督來的。摩西不能見到神，但基督是與神很親近的，祂將神的豐盛啟示出來。在福音書的其餘部分，與摩西的類比，有時候是十分清楚的。正如在三章14節，約翰引用銅蛇；在六章30至33節、48至51節，約翰引用嗎哪。另外，在七章37至39節，約翰又指到，耶穌是活水的源頭，在十三至十七章臨別的講論中，這種類比卻是不太明顯。[35]從某個意義來說，整卷福音書是在顯明摩西的律法，如何在基督裏面得以成全。因為祂體現了所有的律法，現在的敬拜，也集中在祂的身上。然而，耶穌是成全律法，不是打倒推翻律法，因為聖經是見證基督的。如果猶太人相信摩西，他們也應該相信耶穌，因為摩西的書上，有指著耶穌寫的話。然而，因為他們不相信摩西，所以也不相信耶穌的話了（再一次引用申十八18）。[36]

Sēmeia 是第四福音的重要字眼，這是眾所周知的。約翰用這個字眼的手法，也明顯是與其他三位福音書作者，是有所不同的。然而，在約翰福音裏面，這個字也**可以**帶有一個負面的意思，就正如在其他福音書中的用法一樣。我們已經留意到約翰福音二章18節，以及六章30節。[37]在兩個場合當中，有人要求耶穌行一個神蹟。第一個要求，

是緊隨著聖殿的預示式神蹟之後。第二個要求，是在耶穌餵飽羣眾和履海之後。然而，在兩個情況下，祂的敵對者，也不明白祂的行動的意義。約翰在這裏，是在玩*sēmeion*的兩個不同解釋的文字遊戲。在兩個情況中，耶穌的敵對者都要求一個*sēmeion*，**即是一個鑑定性的神蹟**。其實，耶穌已經行了那個*sēmeion*，即是那個先知式的行動，但因為他們不明白其真正意義，所以有這個要求。當耶穌在驅趕聖殿的商人，以及推翻兌換銀錢的人的桌子的時候，耶穌正在表現一個預示式戲劇。約翰告訴我們，這事件的意義，不單是關於聖殿被毀，而是關乎耶穌自己的死亡和復活。當**這些**事件發生的時候，眾人就會知道這個先知式行動，是一個真正的預言。在第二個場合裏面，餵飽羣眾，引致他們企圖要擁戴耶穌為王。耶穌奇妙地橫過海面，也是徹底令人驚訝的事情。然而，耶穌在六章26節評論說：「你們找我，**並不是**因見了神蹟，乃是因吃餅得飽。」換句話說，羣眾是用一個屬世的層面，來解釋祂的行動。正如在約翰福音中，常常都有這種情況，羣眾不明白這些行動的真正意義。他們不知道，這些行動**就是**標記。因此，在30節起，他們發出了荒謬的請求，說：「你行甚麼神蹟，**叫我們看見就信你？**你到底做甚麼事呢？我們的祖宗在曠野吃過嗎哪，如經上寫著說。」他們也吃過餅，但卻不明白這個標記。

在約翰福音，還有兩個負面的評論，是關於神蹟的。第一個是在四章48節，耶穌大聲感嘆說：「若不看見神蹟奇事，你們總是不信。」這個回應，與二章18節與六章30節的情況，是差不多的。第二個是在十二章37節，作者批評猶太人，雖然見到耶穌行了這麼多神蹟，但是仍然不相信耶穌。情況同樣都是一樣，神蹟是在那裏，但眾人都不明白神蹟的真正意義。

然而，在約翰福音裏面，還有一個場合，約翰是把 *sēmeion* 這個字，用在一個**正面**的意義中，這是與其他符類福音書是不同的。但是，我們不應該被誤導，以為約翰對耶穌的行動，有不同的解釋。因為，約翰福音與符類福音之間的差異，只在於用字方面，而不是在於意義方面。因為，在符類福音中不清楚說明白的東西，約翰往往都會清楚的說明。

對約翰來說，*sēmeia* 的目的，是要帶領眾人相信耶穌。每一次當約翰在耶穌的先知性行動中，用到 *sēmeion* 的字眼，都會帶出一句關於信耶穌的句子。眾人不是相信了耶穌，就是不相信祂。[38]

約翰在兩個場合當中，特別描述到耶穌的行動是一個記號。這兩個行動，都是發生在神蹟之後的。第一次的評論，是在使水變酒之後的。在二章11節裏面，約翰說：「這是耶穌所行的頭一件神蹟，是在加利利的迦拿行的，顯出他的榮耀來，他的門徒就信他了。」正如舊約裏面的一些先知式行動一樣，使水變酒，明顯是神聖能力的彰顯，雖然，約翰會視這些行動，為**耶穌的**榮耀的彰顯，即是彰顯

耶穌是誰。這是約翰典型的表達方式。這個獨特的神蹟，是要了解耶穌這個人的一把鑰匙。與我們剛才所討論的其他約翰的神蹟不同，認識這個神蹟的人，都明顯地確認它是一個標記。因為約翰告訴我們，這個神蹟叫門徒相信了耶穌。

第二個評語是在四章54節，緊接著醫治大臣的兒子的故事。這個神蹟帶領了，這位大臣和他的全家相信了耶穌。約翰告訴我們，「這是耶穌在加利利行的第二件神蹟，是他從猶太回去以後行的」。

奇怪的是，約翰福音作者沒有為這卷福音書中的其他神蹟編上序號，然而，釋經學者卻很快便為約翰數算出來！[39]約翰**所做的**，是不時地提出，耶穌所做的神蹟，帶領了眾人相信祂。第一次的評論，差不多緊隨著耶穌「潔淨」聖殿的故事，雖然它所指的，明顯是超過這件事。「有許多人看見他所行的神蹟，就信了他的名。」(二23) 約翰可能是想到那些醫治的神蹟，即使他一個也沒有描述出來。這件事之後，約翰立刻告訴我們，尼哥底母如何在晚上來找耶穌。他宣告：「拉比，我們知道你是由神那裏來作師傅的，因為你所行的神蹟，若沒有神同在，無人能行。」(三2) 在約翰福音六章，約翰告訴我們：「有許多人因為看見他在病人身上所行的神蹟，就跟隨他。」(六2) 在談及耶穌怎樣餵飽了所有人之後，約翰評論說：「眾人看見耶穌所行的神蹟，就說：『這真是那要到世間來的先知。』」(14

節）在七章31節中，有一個略為不同的總結。約翰告訴我們，羣眾當中，有許多人相信了耶穌，說：「基督來的時候，他所行的神蹟豈能比這人所行的更多嗎？」。當然，這個評論令人困擾的地方，就是我們沒有證據證明，彌賽亞是被期望要行「神蹟」的。因為，「神蹟」是屬於先知的範圍。這些評論，可以有三個解釋：第一，幾位不同的末世性人物之間的分別，有一些含糊，所以約翰將他們的特點合併起來了。[40]第二，彌賽亞似乎是有需要行「鑑定性的神蹟」，這一點也是不奇怪的。第三，在約翰寫福音書的時候，猶太人和基督徒之間，主要辯論的主題是，到底耶穌是否彌賽亞。所有約翰的評論，關於耶穌的神蹟，以及眾人對這些神蹟的回應，不用說，也是在反映他那個時代的辯論。基督徒視耶穌的行動，是神透過「耶穌」行事的「記號」。而非基督徒則視耶穌，為一個欺騙百姓的騙子。對基督徒的羣體來說，神蹟現在已經有了一個「鑑定性的神蹟」的功能了。

約翰福音九章清楚地反映了這個辯論。在這裏，法利賽人與那瞎子起了爭論。在16節，法利賽人宣稱：「這個人不是從神來的，因為他不守安息日。」又有人說：「一個罪人怎能行這樣的神蹟呢？」在十一章47節及後，大祭司與法利賽人在商量，他們可以怎樣做，因為「這人行好些神蹟，若這樣由著他，人人都要信他。」正確地理解神蹟，可以引導人相信耶穌。在十二章18節裏面，約翰告訴我們，當耶穌進入耶路撒冷的時候，羣眾蜂擁來迎接耶穌，「眾人因聽見耶穌行了這神蹟」，這個神蹟，就是拉撒路從死裏復活的神蹟。最後，在福音書結束的時候，約翰福音作者總結了他寫這本書的目的，他說：「耶穌在門徒面前另外行了許多神蹟，沒有記在這書上。但記這些事，**要叫你們信耶穌是基督，是神的兒子**，並且叫你們信了他，就可以因他的名得生命。」[41]

正確地理解神蹟，可以引導人相信耶穌。但在耶穌復活之前，是否有人真正理解這些神蹟的意義呢？答案當然是「沒有的」。這是因為，直至復活之後，才有人完全相信祂。在我們剛才所讀的經文中，約翰談論到有些人見到耶穌的神蹟，便相信了祂。這句話說明了這個字*sēmeia*的雙重細緻差異。從百姓對耶穌的回應來看，祂的神蹟的功用，只不過是鑑定性神蹟的層面。百姓見到大能的作為，便受了感動。我們再次來看這些經文。在約翰福音二章23節：「有許多人看見他所行的神蹟，就信了他的名。」在三章2節，尼哥底母宣告：「因為你所行的神蹟，若沒有神同在，無人能行。」在六章2節，羣眾「看見他在病人身上所行的神蹟」。在六章14節：「眾人看見耶穌所行的神蹟，就說：『這真是那要到世間來的先知。』」在七章31節，羣眾問，到底彌賽亞「行的神蹟，豈能比這人所行的更多嗎？」在九章16節百姓問：「一個罪人怎能行這樣的神蹟呢？」在十一章47節及後，耶穌的敵對者害怕，如果他們容讓耶穌繼續行神蹟的話，「人人都要信他」。在十二章18節羣眾歡迎耶穌，「因聽見耶穌行了這神蹟」。惟有在二十章30節及後，約翰告訴我們，這些神蹟的完整意義。這些神蹟實在是「鑑定了」耶穌。但這不單是鑑定耶穌是先知，也甚至不單是，鑑定祂是彌賽亞，而是鑑定祂為彌賽亞，**並且是神的兒子**。又因為耶穌是神的兒子，所以每一個神蹟，都是神的顯現，為要顯明神是誰，耶穌是誰。惟有把這些神蹟視為，耶穌的榮耀的彰顯，才能夠正確地理解這些神蹟。[42]

然而，耶穌自己卻不常用*sēmeia*這個字。這是不奇怪的。在第四福音書中，耶穌重複談及祂的「工作」。每一次祂這樣說的時候，祂都是明顯地，把自己的工作，等同於**神的工作**。[43]約翰邀請我們，透過耶穌的行動，去觀看神的作為。這些「神蹟」的意義，就在於此。

約翰福音九章的瞎子得醫治的故事，可以為「一個神蹟可以從不同層次來理解」作很好的說明。在一個層次，醫治可以被視為一個「鑑定性的神蹟」，顯明耶穌是從神而來的，不可以把祂當作罪人一般的摒棄祂。[44]然而，這個觀點當然不是神蹟的目的！這個觀點，是對神蹟真正意義的一種誤解。約翰的理解是更深的層次，神蹟的功用是啟示耶穌是誰，所以，瞎子的信心，是向前踏進了一步。終於，他承認對耶穌的信心，也敬拜祂為主。[45]基於這個對耶穌的承認，神蹟的真正目的，就是要啟示這個事實：耶穌的活動，正正就是神自己的工作。[46]

現在我們要較深入地探討，一些耶穌的行動，就是那些約翰認為，我們應視之為「記號」的。這些記號，作為一種先知和預示的行動，可以讓我們明白耶穌的事工的意義。

5. 約翰的記號

約翰告訴我們，第一個神蹟就是，在迦利利的迦拿使水變酒的神蹟（二1～11）。約翰在他的總結性評語中，提示了這個神蹟的意義。約翰認為，耶穌透過這個神蹟「彰顯祂的榮耀」，而且，耶穌自己也提出，祂的時候還沒有到。在約翰福音裏面，耶穌的「時候」，就是祂死的時刻，這是被認為是一個得榮耀的時刻。[47]因此，這個特別的預示式戲劇，是與耶穌的榮耀的啟示有關的。耶穌的榮耀，是透過祂的死亡和復活而來的。關於這個神蹟的意義，還有另外一個提示。那些裝在六個石水桶裏面的水，本來是作猶太人的潔淨禮儀之用的。所以，福音是猶太教的一個末世性的**成全**。雖然兩者不是敵對的，然而，猶太人的潔淨之水，與福音之酒的興奮，卻形成了一個**對比**。

緊接下來，是另一個預示式戲劇。這一次是發生在耶路撒冷的聖殿裏。約翰沒有形容它是一個神蹟，可能是因為當時，還沒有發現它的重要性。所以，它沒有引導任何人相信耶穌。相反地，猶太人即時要求耶穌行一個神蹟，來證明耶穌的權柄。過了一段長時間，約翰才告訴我們，門徒記起這件事情，並且相信耶穌的對這件事的解釋。然而，對福音書的讀者來說，這事件的作用，的確是一個記號。正如符類福音書的作者一樣，約翰看這事件為聖殿被毀的預言。這個看法，在這一句說話中表達得很清楚：「拆毀這殿，我三日內要再建立起來。」(19節)馬太和馬可福音記載了，在所謂的公會前的審訊中，耶穌的敵對者說，這句話是耶穌講的。[48]但約翰卻立刻否定了這個解釋，因為在21節中，約翰說：耶穌「是以他的身體為殿」。對於這種從不同解釋，所編織出來字面意義，這句話所作出的否定可能不是很強烈。在馬可和馬可福音中，提示了這些不同解釋。猶太人實在是會毀滅耶穌在地上的身體的「聖殿」，但祂會再次復活。而耶路撒冷的聖殿也同樣會被毀，但在當中的敬拜，卻會被其他東西所取代。

接著的兩章經文，詳細地記載了耶穌第一次與尼哥底母的對談。他是一位法利賽人。耶穌談論到，如果一個人要進神的國，是需要透過水和聖靈，從天上而生。然後，耶穌又與撒瑪利亞婦人，談論關於對神的真正敬拜。這種真正的敬拜，將會取代耶路撒冷的敬拜，和撒瑪利亞人在基利心山的祭壇敬拜。兩章經文都取用了，約翰福音二章的兩個預示式行動的主題。這主題就是，因著耶穌的死和復活，猶太教的敬拜和常規活動，將要被基督徒的敬拜所取代。在兩個對談裏面，都突出了相信耶穌的重要性。[49]但在第一個對談當中，相信耶穌的主題，是集中在透過耶穌的死和復活，所帶來的救恩。[50]

所以，這兩段對談，詳細解釋了這兩個記號的意義。但約翰用了不同層次的象徵符號。他的福音書是充滿了雙重意思和隱喻的。有些純粹是口頭上的，例如；在約翰福音三章中，耶穌提及*pneuma*，祂的教訓是透過這個字有「風」和「靈」的雙重意思而帶出的。但在14節裏面，約翰引用一個**過去的**動作，但現在卻賦予它一個新的解釋，是向前指向耶穌釘十字架的：「摩西在曠野怎樣舉蛇，人子也必照樣被舉起來」。摩西舉起銅蛇的行動，現在是被理解為一個預示式戲劇。它不單只是耶穌死亡的一個預言，也是預言透過祂的死亡，所帶來的救恩。因為那些被銅蛇咬傷的人，只要仰望銅蛇，就被認為是得了醫治。[51]約翰福音四章裏面，有一個輔助性的預示式行動。它再一次象徵新的，取代了舊的；永遠的，取代了暫時的。再者，這個行動不是耶穌自己做的，而是撒瑪利亞婦人做的，因為在7節，耶穌向她請求要食水，她實在是回應了。她從井裏打出來的水，是象徵耶穌賜活水給那些相信祂的人。

在二至十二章裏面，神蹟緊接著解釋性的講論，這個模式是十分著名的，也被討論過許多遍。在四章的結束，與五章的開始，記載了兩個醫治的神蹟。在當中，耶穌醫治了兩個差不多將要死的人。第一個是在四章46至54節，它特別被形容為是一個神蹟，因為它引導眾人相信耶穌。所以，五章19至47節的講論是關於耶穌是生命的賜予者，這是不奇怪的。六章記載，耶穌餵飽羣眾與在湖面上行走。

接著耶穌啟示自己，是從天上來的生命的糧。這些神蹟，全都是向前指向，耶穌透過死亡帶給眾人的生命。

在七章，耶穌到耶路撒冷守住棚節。約翰沒有提及任何的神蹟。在七章節，羣眾評論說，耶穌所行的神蹟是這麼多。然而，約翰在七章37至39節告訴我們，在節期的最後一天，耶穌聲稱，對那些相信祂的人來說，祂是活水的源頭。[52]解經學者在這個節期的儀式中，找到它的背景資料——因為每個清晨，守節的人要在基訓的泉水中，把大水罐灌滿。當他們一面背誦以賽亞書十二章3節的時候，他們就將那些水罐，放在聖殿中，排列成一行，然後將水倒在燔祭的祭壇上。這個禮儀與那些從曠野的磐石中，所湧出來的活水有明顯的關係。[53]而且也與撒迦利亞書十四章8節所說，有水從耶路撒冷流出來的預言有關係。耶穌在七章37至39節的一段難以理解的說話，似乎是根據這個禮儀的。換句話說，耶穌把倒水出來的行動，**當作**是一個預示式戲劇來解釋。然而，這個行動本身，是沒有被提及的，所以是沒有神蹟行出來的。但耶穌的說話，卻使一部分的羣眾宣告：「這真是那先知。」另一些就說：「這是彌賽亞。」但如果我們認為，七章37至39節某程度是解釋了一個行動，而這個行動是可以被視為預示式的行動，那麼，為何約翰不提及這個行動呢？這是否因為，福音書作者已假設了，讀者應該**知道**，在節期最後一天會有甚麼事發生呢？還是因為，約翰要將耶穌的說話，與那些從祂的肋旁流出來的水（十九34），結合在一起呢？因為在那一刻，有一個士兵拿槍，扎祂的肋旁，隨即有血和水流出來。大部分的釋經學者，都把這個行動，與在七章中耶穌所講的說話，結合起來。[54]而約翰福音的作者，顯然以這段說話為一個重要的記號。因為約翰在十九章35節告訴我們，看見這事的那人，就作見證，證明這是真實的，叫那些福音書的讀者可以相信。當我們讀到十九章的記號的時候，約翰可能期望我們能夠想起七章37至39節的說話。

在約翰福音六章35至56節關於耶穌的血的言論，也是一個解釋性的評論，卻沒有一個預示式行動。這一點是頗有趣的。這段言論與這一章的其餘部分，是太不相稱的。後者是關於糧食的說明。這是建基於餵飽五千人的神蹟的。我們可以明白，為何這段言論會被記錄在這裏。因為，這段言論是在約翰福音中，等同於符類福音的聖餐講論的。但當中卻沒有一個預示式行動和一杯酒，給他們作解釋。然而，在約翰福音十九章34節的事件中，當血和水從耶穌肋旁流出來的時候，就可以找到適切這些字眼的「預示式行動」了。

約翰福音八章取用了「光」的主題，它也是另一個與住棚節有關的偉大主題。耶穌宣告說，祂是世界的光。（12節）在九章裏面，這個主題在瞎子的眼睛得看見，這個預示式戲劇中扮演出來。瞎子的鄰舍與他的父母的辯論，瞎子與法利賽人，以及與耶穌自己的辯論，都帶出了這個神蹟的意思。瞎子的信心在增長，最後他終於敬拜耶穌，並且宣告：「主啊，我信！」(九38) 耶穌最後的說話確認了，雖然瞎子可以得到視力，但法利賽人卻是瞎眼的。馬可安排那些與八章22至30節平排的故事，與這一章的主題，形成一個類比。然而，與往常一樣，約翰清晰表達出來的東西，在符類福音卻是不清晰的。

在約翰福音十章裏面，耶穌形容自己是照顧羊羣的好牧人。這一個似乎又是一個隱喻性的言詞，卻沒有一個預示式的行動。但在11節裏面，耶穌說：「我是好牧人，好牧人為羊捨命。」向前指出一個**未來的**預示式行動。這句說話，再一次解釋了耶穌死亡的意義。

約翰福音十一章記載了拉撒路在伯大尼復活的事件。這個神蹟的意義，在「耶穌是復活」、「耶穌是生命」的宣告中，得到詳細的說明。(25節) 耶穌受膏的故事，也被鋪排在伯大尼。[55]在第四福音書中，這個行動是由拉撒路的姊姊，馬利亞做出來的。耶穌的評論，把它解釋為一個戲劇性的行動，是預言祂要被埋葬的。馬可和馬太福音，膏耶穌的頭的女人，是沒有名字的。這一點是與約翰福音不同的。馬利亞在這裏，將膏油傾倒在耶穌的腳上。這件事肯定是不尋常的。這不是因為她是女主人，而是因為膏一個人的腳並非是慣常的做法。在路加福音，那女人也是膏耶穌的腳，但卻沒有這樣奇怪，因為那個女人是一個罪人。除了耶穌的腳之外，她可能不敢觸摸其他地方。根據路加故事的版本，這個行動是顯示，這個女子的悔改和她對耶穌的愛，與耶穌的死亡沒有甚麼關連。[56]約翰是否忽略了這個可能是皇室膏立的暗示，還是他是刻意地拒絕這個含義呢？這是否單單因為，約翰採用了與馬可和馬太不一樣的傳統呢？還是因為，膏抹耶穌的腳，是另一個重要的方式，向前指到耶穌的死亡呢？首先，因為膏活人的腳，並非一種正常的做法，所以，把它解釋為，膏立屍體的一個象徵符號，是更加合適的。[57]第二方面，這個不尋常的情景，提醒我們在下一章，耶穌洗門徒的腳。那是耶穌自己所行的戲劇性行動。

緊接著這次膏抹之後的，是另一個由耶穌主演的先知性戲劇，就是進入耶路撒冷了。約翰詳細解釋了這件事的意義。耶穌是被歡呼高舉，為以色列人的王（十二13），而且祂騎驢的行動，是被認為是應驗了撒迦利亞書九章9節的話。約翰指出門徒在這個時候，是不理解這個行動的意義，直至耶穌得榮耀之後，他們才能夠明白。它提醒我們，這個戲劇是指向，一個將來才會完全被了解的現實。在20節，有希臘人到訪，要來見耶穌。這也可以被看為是一個預示式戲劇。他們很明顯地是被留在外面，腓力和安得烈將這個信息帶給耶穌。耶穌接著宣告說：「人子得榮耀的時候到了。我實實在在地告訴你們：一粒麥子不落在地裏死了，仍舊是一粒；若是死了，就結出許多子粒來。」（23節及後）約翰沒有告訴我們，為何耶穌會這樣説話，也沒有交代，到底希臘人是否能夠見到耶穌。在祂透過死亡和復活，得到榮耀之前，他們大概是不能見到祂的。耶穌是落在地裏的麥子，祂死了，以致能夠結出更多子粒來。這件事情實現以後，希臘人就可以被帶進來。在那個時候，他們仍然是被撇在邊緣，他們仍要等待。因為，如果套用另一個約翰的隱喻，他們是不屬於這個羊圈的。[58]

然而，對耶穌來說，祂得榮耀的時刻已經來到。(23節)約翰福音十二章其餘的部分，便詳細地解釋了這個主題。這個時刻，不單榮耀了耶穌，也榮耀了神自己。(28節)現在，耶穌必須要從地上被舉起來(32節)，正如祂曾在三章14節中預言過。在十字架上被舉起，是最高的標記。*Hupsoō*(意即高舉)的雙重意思，指出這個記號的意思。耶穌的仇敵會見到褻瀆者的身體被懸掛在絞刑架上。但信徒會見到祂被升高，神的榮耀啟示出來。這卷福音書中，其他所有的神蹟，都是向前指向這個偉大的記號。使水變酒的神蹟，是特別與耶穌得榮耀的時刻有連繫的。在聖殿中的事件，是指向祂的死和復活。四章和五章的醫治，與十一章拉撒路復活的事件，都啟示了耶穌有賦予生命的能力，並且都是向前指向，那些相信祂的人，都要復活。[59]在六章裏面，五餅二魚的神蹟，是期待著耶穌的死亡，正如在六章和七章裏面，關於血和水的言論，都是有一樣的期待。在九章裏面，耶穌恢復了那個生來瞎眼的人的視力。他一步步地尋求到信心。直至在35至38節中，祂承認祂對人子的信心。

在約翰福音裏面，神的兒子是比其他一切都重要，因為祂是那一位，在十字架上被高舉的，[60]並且得了榮耀的。[61]關於好牧人為羊捨命的言論(十15)，以及麥子落在地上(十二24)，也像在曠野舉蛇的言論一樣，都在釘十字架的事件上得到應驗。在伯大尼的膏立與祂的埋葬是有關的(十二7)，在耶穌進入耶路撒冷作王之後，福音書作者評論説，門徒在祂得榮耀之後，才能理解這件事情。如果我們憑著這個提示，進一步理解它的意思，我們便要翻到彼拉多「審訊」耶穌的記錄。這次審訊是環繞在，耶穌到底是否猶太的王這個問題上。[62]祂被兵丁諷刺為王，祂是在「猶太人的王，拿撒勒人耶穌」的標題下被釘死的。[63]所有約翰福音中的神蹟，都集中於基督在十字架上被高舉的事，所以，它們全部都是預示式戲劇，因為它們都是描繪，耶穌被高舉在十字架上的意義。每一個神蹟，都啟示一點關於耶穌是誰的真理，並且祂透過祂的死亡要達到的目的。每一個神蹟，都是那一位作天父的工的人的「工作」。耶穌是誰，與神偉大的工作是甚麼，最終在十字架上面，被啟示出來了。耶穌與祂的父都得榮耀，而且耶穌拯救的工作也完成了。

另一個預示式戲劇，發生在耶穌生命中，最後一夜的晚餐中。[64]它取代了在符類福音中，擘餅和分酒的事蹟，但它們的意思是顯然是相似的。耶穌脱去祂的外衣，用手巾束腰。隨後把水倒在盆裏，就洗門徒的腳。這個戲劇的意義並不複雜。洗門徒的腳的卑賤工作，是標誌著耶穌在整個事工當中，交托給他們的服事工作。然而，背景的資料卻特別把這個行動，與祂將來的死亡結合起來（十三1～3）。所以，在耶穌與彼得的對話中，提示了另一層的意義。我們對這個發現，並不驚訝。他們的對話顯示，誰的腳被耶穌洗過，誰就是與祂有分的（8節），而且是完全得到潔淨了。（10節）耶穌為祂的門徒所作的事情，是帶著恩膏的能力。因此，這個預示式的行動提醒我們，耶穌在馬太福音二十章28節//馬可福音十章45節的言論。但這個戲劇也標誌著，在基督徒羣體當中該有的彼此服事。12至20節的教訓詳細地解釋了這個行動。它與一些符類福音的傳統十分相似。[65]從這個層次來看，這個事件的作用，就是一個有行動的寓言。

然而，另一個預示式行動，很快便接著而來。在馬太和馬可福音裏面，耶穌談及祂的出賣者，正與祂蘸手在同一個盤子裏。[66]這是一個袖珍的戲劇。耶穌在當中，將一塊蘸在共用的盤子裏的餅，遞給一位門徒，這就確認了他是那位出賣者。[67]從一個層面來看，這個行動純粹是私底下，將一個資料傳遞給所愛的那門徒。但福音書作者卻告訴我們，撒但隨即入了猶大的心。耶穌告訴他，趕快去做他要做的事。似乎約翰認為，即使是在受苦的階段，耶穌仍然是在指揮著這些事件。他弔詭地解釋耶穌的行動，是一種任命。

在符類福音書中，鞭打耶穌（十九1～5）與*titulus*（意即名號；十九19～22）被視為預示式行動。耶穌透過祂的死亡，被宣稱為君王。約翰強調這個*titulus*的意義。他告訴我們，這個名號是用三種文字寫出來的。彼拉多拒絕更改它的內容，他宣告說：「我所寫的，我已經寫上了。」有一個預示式行動是沒有出現的。在十九章32節及後，兵丁忍住沒有打斷耶穌的腳。這是我們必須要明白的記號，祂是那位真正的逾越節羔羊，因為祂被釘死的時刻，正是要獻上逾越節羔羊的時候。

最後一個的預示式戲劇，發生在復活之後，就是得到漁獲的神蹟。[68]福音書著作者必然是視這件事為象徵性的，但它的意義是不明顯的。例如，捕獲的魚的數目是一百三十五條。這個數目的意義並不清楚。這可能是因為，這個故事接著下來，就是耶穌委任彼得。正如在路加的版本中，這個故事是象徵，將眾人帶入基督徒羣體當中的職事，現在已經交托給門徒了。

在第四福音書裏面，也有另一個事件，耶穌也是在運用預示式戲劇的。這就是在八章1至11節，那行淫時被捉拿的婦人。這個故事並不屬於這個地方，它可能不是出於約翰的敘述，但它是值得獨立探討的。從我們的角度來看，這個故事有趣的特色是，耶穌兩次彎著腰，用指頭在地上寫字（6、8節）。這個動作令釋經學者感到困擾。有些人認為，祂是在寫「妥拉」（Torah）的經文。[69]其他人的總結是，祂只不過是在沙上亂畫而已。[70]但寫字的動作是重要的，而且這個動作是重複的。耶利米亞將這個動作，包括在他的耶穌的「比喻性行動」[71]中。施納肯伯格(R. Schnackenberg)評論說，這是「一個象徵性行動，對預示式標記有感覺的人，必然會明白的。」[72]曼森(T. W. Manson)認為耶穌是在跟隨羅馬律法的慣例，在說出一句字之，先將它寫下來。[73]然而，我們期望耶穌行事，應該是像一位猶太人的先知，而不是像一位羅馬人的法官。由安布羅斯(Ambrose)、奧古斯丁(Augustine)和傑羅姆(Jerome)所提供的，最早期解釋是最好的。[74]他們認為，耶穌在寫耶利米書十七章13節：「離開我(你)的，他們的名字必寫(刻)在土裏。」[75]這段經文的意思似乎是，刻在沙土上的名字，很快就會被抹掉，那些離棄神的人，很快就會被忘記了。那個女人的指控者，全部都是「離棄神」的，因為他們拒絕承認，耶穌是從神差來的。耶穌在7節引證了這個解釋是適切的，而且在9節，那些男人的離開，也是進一步的證明。所以，耶穌的行動是一個預示式戲劇，是要定那些企圖為祂設下陷阱的人的罪。

如果我們讀耶利米書十七章13節，我們發現，剛才我引用的經文，後面有一句平行句，形容神是活水的源頭：「因為他們離棄我這活水的泉源。」在行淫時被捉拿的婦人的故事，被放在約翰福音八章的開首，那兒所發生的事是一個奧祕。[76]但值得注意的是，這個故事之前，是耶穌在住棚節的時候，在聖殿裏教導人的記載。祂宣稱自己是那些信祂的人的活水泉源。可能有人因著耶利米書十七章13節的緣故，留意到這兩個故事的關聯，於是認為這個女人的事件，放在這裏與放在其他地方，同樣都是適合的。文士和法利賽人的名字，被刻在塵土上。他們命定要被毀滅，因為他們拒絕了那一位活水的源頭。

6. 總結

所有的福音書作者都清楚地認為，耶穌是比一位先知更偉大的人物。然而，四卷福音書的耶穌生平，都記載了證據，證明祂是被認為是一位先知。耶穌被認為是一位先知，當然是一點也不奇怪的。有趣的是，這個觀點的證據卻是被保留的，雖然這並非與福音書作者的做法相符。事實上，馬太和路加同樣都在耶穌身上，使用預言預表論(prophet-typology)。即使他們的觀點，也認為只相信耶穌是一位先知，是不足夠的，但他們顯示這個信念在傳統當中，是多麼的根深柢固。馬太和路加同樣是有創意地使用這個傳統，去指出耶穌是「一位先知，而且是**超越**一位先知」。[77]耶穌被視為是一位先知，也被理解為一位先知，因為祂所作的事，使人把祂與先知聯想在一起。套用路加的說話，耶穌是被視為「是個先知，說話**行事**都有大能」。

耶穌的大能作為，最重要的，是祂的神蹟。四位福音書作者都記載，耶穌行過神蹟，但祂拒絕行**鑑定性的**神蹟。

祂所**行**的神蹟，基本上是救恩的行動，是彰顯神聖能力的行動，雖然這些神蹟也是「預示式的戲劇」，標誌著那將要闖入來的，更大的救恩。然而，對那些有眼睛能夠看的人來說，這些神蹟也足以證明耶穌是一位「真正」的先知，是憑著神的權柄行事的。因此，它們也有「鑑定性的神蹟」的**功用**。但對於局外人來說，卻沒有這個功用。這個功用只是對那些，已經相信的人才有的。正如摩西的「鑑定性的」神蹟，是說服希伯來人，摩西是從神所差來的，而不是說服法老王的。所以，耶穌所行的神蹟是讓門徒理解的，而不是讓那些心硬的人的。這些人的心裏，肯定沒有聖靈的工作。然而，對我們的福音書作者來說，重點已經轉移了，因為他們所傳的福音，是關於耶穌的，而不單單是祂所宣講的福音。門徒視耶穌的神蹟，為一個見證，不是見證祂是一位先知，而是見證祂是彌賽亞，是神的兒子。[78]

我們四位福音書作者的記載，都一致認為，耶穌的戲劇性行動，是像先知一樣的表現。這是再一次顯示，我們在這裏，是處理很牢固的歷史性傳統。這些行動被視為預示式的戲劇，這代表了神透過耶穌的事工，所做的工作。然而，這些神蹟也是被福音書作者再次詮釋的。對於他們來說，這些行動，大部分已經不再單單是「預示式戲劇」，指向耶穌事工中的某些事件，或是指向一些將要發生的事。這些記號，也愈來愈更被視為彰顯耶穌本人的重要性。

神蹟和預示式行動，同樣被理解為指向耶穌本人的身分的真理，而不是把兩者視為祂所宣講的信息的一部分。換句話説，這福音是關於耶穌的，而不是耶穌的福音。在符類福音書裏面，我們已經發現這個傾向，在第四福音書中，這個傾向卻是更加強烈。耶穌的行動，被理解為「記號」。它的意思，對信徒來説是明顯的，但對那些沒有信心的人來説，卻是隱藏的。約翰認為，所有的標記都是向前指著十字架的。在十字架上，行這些標記的那個人的真正身分，最終被啟示出來了。

所以，在福音書裏面，我們發現耶穌的宣告，以及福音書作者的宣告，兩者之間是有張力的。有一句話往往總結了這個張力：耶穌宣講神的國度，但早期教會則宣講耶穌。這句話正正反映出，耶穌本身所做過的，與教會怎樣理解祂行動的意義，兩者之間是有張力的。正如耶穌的天國比喻，被重新詮釋為基本上指向祂自己的角色。正如祂的預示式行動（天國透過這些行動闖入）現在已經被福音書作者理解為，耶穌是誰和耶穌的身分是甚麼。在耶穌的事工中，預示式神諭的功用，與預示式行動是差不多的，而且它們也是用同樣的方式，被信仰的羣體重新詮釋。這是一點也不奇怪的，因為正如我們在第一章已經探討過，預示式〔先知式〕的話語，與預示式〔先知式〕的行動，都是同屬一類的。[79]在耶穌的事工中，祂的話語與祂的行動，都是同屬一類的。兩者都激發起別人對祂的權柄的驚訝。[80]最重要的是，話語與行動的結合，都總結在*Logos*（意即道、話語）這個字裏面了。這個字出現在約翰福音一章1節，因為它是整卷福音的鑰匙。

探討「預示式戲劇」這個題目，提醒我們，認識耶穌所做的事，與耶穌所說的話語的記錄，是同樣重要的。當我們思想祂的行動和祂的話語的時候，我們就了解到，耶穌必然是讓祂當代的人知道，祂是堅守猶太人的先知傳統的。

但這個預示式戲劇的概念，不單幫助我們明白耶穌本人，也幫助我們明白福音書作者如何處理關於耶穌的傳統。即使他們相信耶穌，遠不單止是一位先知，他們仍然視祂的話語和行動，是在先知的傳統中說出來和行出來的。祂說話是憑著神的權柄說的。祂以祂的話語和行動，向祂的百姓宣講神的信息。

註釋：

1. 我們不需要在這裏討論，誰是我們四福音書的作者。為了方便起見，我用了傳統的做法，把福音書的名稱，作為它的作者。
2. T. Weeden, *Mark - Traditions in Conflict.*
3. 可四41；比較太八27及路八25。
4. 第一個出現在八22～26，它緊接著一個故事，是門徒不能理解的。它也緊貼著該撒利亞腓立比之前。第二個出現在十46～52，耶穌給門徒的教導的最後部分。祂教導門徒跟隨祂的意義是甚麼，但門徒卻重複地顯出，他們不能領會。馬太和路加則刪掉了第一個故事。
5. 可七31～37；對比四12。
6. 見M. D. Hooker, 'What Doest Thou Here, Elijah?'。
7. 可十四3～9；比較太二十六6～13。

8. 路七36～50；約十二1～8。

9. 可十四63；比較太二十六65。

10. 比較太二十七51；路加福音(二十三45)記載了這個預示，但沒有記載大祭司的行動。

11. 可十五16～19；比較太二十七27～30。在路加福音(二十三11)，是希律與他的兵丁戲弄耶穌。

12. 可十五26；比較太二十七37；路二十三38。

13. 可十五30～32//太二十七42。比較路二十三35～37。在舊約中，也有類似的先知式「不行動」的例子，卻是有預示式戲劇的功用。例如：耶利米不結婚，不哀慟，也不飲宴(十六1～9)；以西結不為她的妻子哀慟(二十四15～24)。

14. 太一21～25。

15. 到底瞎子和破子是否不准進入聖殿，這是不清楚的。但昆蘭的經文，有幾處提及身體有殘障的人，是不准進入會堂的。見I QSa 2.5-7；I QM 7.4-5。

16. 太八16及後。

17. 太十一2～6；賽二十九18，三十五5及後，四十二7、18，二十六19，六十一1。

18. 太十六1～20。

19. 太二16～21。

20. 路一59～66，二21。

21. 路一68～79，撒迦利亞在這裏的表現，是像一位先知，也是被聖靈充滿。比較第一章的註釋38。像以西結(三22～27，二十四25，三十三21及後)一樣，撒迦利亞被打擊成為啞巴，雖然這是他自己拒絕相信神聖信息的後果，而不是預示其他人，拒絕聽這信息的後果。

22. 路一46～55。

23. 路四16～30。

24. 路七11～17；王上十七17～24；王下四32～37。

25. 路七18～23；比較太十一2～6。

26. 路九59～62。

27. 以利亞在犁地——比較路九62；他想與他的父母說再見——比較

路九59、61。

28. 太十七9～13//可九9～13。

29. C. F. Evans, 'The Central Section of St. Luke's Gospel'.

30. 見M. D. Hooker, 'Beginning from Moses and from all the Prophets'。

31. 第一章、7節及後、15節。

32. 約八28，十二49，十四10；比較申十八18。

33. 約一45。

34. M. D. Hooker, 'The Johannine Prologue and the Messianic Secret', 53～58.

35. 關於摩西這個人物的重要性，可見T. F. Glasson, *Moses in the Fourth Gospel*; M. D. Hooker, *Continuity and Discontinuity*, 68～71; John Ashton, *Understanding the Fourth Gospel*, 470～476; M. E. Boismard, *Moses or Jesus*。

36. 約五39、45～47。

37. 見第二章，32及後。

38. 二18是一個例外。其實這並不是例外，因為正如我們已經看過，這是(像六30)一個對鑑定性的神蹟要求，即是一個能夠説服他相信的神蹟。

39. 有些釋經學者跟隨了Bultmann的意見，認為約翰是用了一個「神蹟的資料來源」，特別參考Robert T. Fortna, *The Gospel of Signs*；一個新近的討論，可見John Ashton, *Studying John: Approaches to the Fourth Gospel*, 90～113。其他的資料，是令人懷疑的。然而，我們關心的，是約翰處理這個傳統的方式，並不是關心它的來源的理論。

40. 在十一27是有一些這樣含糊的記號。在當中，馬大聲稱她相信耶穌是「彌賽亞，神的兒子，是那位要來到世界的」。

41. 約二十30及後。

42. 我們總結到：第四福音書保留*sēmeia*這個字給耶穌的行動，也不認為施洗者有行過甚麼神蹟。見第一章註釋62。

43. 在每一個情況中，當名詞*ergon*是用在耶穌身上的時候，這情況都是對的。在七21的事件中，是一個明顯的例外，從上下文(16～18節、28節及後)顯示，耶穌的「一個工作」，就是神的工作。在六28及後，神的工作要求那些聽過耶穌的人，去相信耶穌。其他的引用在：四34，五20、36，九3及後，十25、32、37及後，十四10～12，十五24，十七4。

44. 約九16、 29～33。

45. 約九38。

46. 約九3。

47. 約七30，八20，十二23、27，十三1，十七1。

48. 太二十六61//可十四58。路加沒有這些説話。

49. 約三14～21，四13～15、 25節及後、29節、39～42節。

50. 約三14～18。

51. 民二十一18及後，七十士譯本在這裏採用*epi sēmeiou*去翻譯希伯來文*'al nēs*，意思是「在一個很高的柱子上」。它是否因此而吸引到福音書作者注意到這段經文？

52. 這肯定是這個希臘文的正確意思。這是很多教父，給這節經文的意思。雖然有另一個材料，為很多解經學者所跟隨(可追溯至俄利根)，解釋在38節的*autou*，是指到信徒，而非耶穌：*NRSV*甚至加上「信徒」的字眼在經文裏面！關於這個可能性的討論，見R. E. Brown, *The Gospel according to John I-XII*, 320及其後。如果我對這段説話的背景的理解是正確的話，它的目的必然是要指到，耶穌就是眾水的泉源。

53. 出十七1～7；民二十2～13。

54. 約七39把我們指向耶穌得榮耀的時候。

55. 約十二1～8。

56. 路七36～50。

57. 比較 R. E. Brown, *The Gospel according to John I-XII*, 454。

58. 約十16。

59. 約五25～29，十一25及後。

60. 約三14，八28，十二32～34。

61. 約十二23；十三31。

62. 約十八33～40，十九8～16。

63. 約十九1～5、17～22。

64. 約十三1～20。

65. 比較太十24、40，十八1～5，二十24～28；可九33～37，十41～45；路六40，九98，二十二24～27。

66. 太二十六21～25//可十四18、21；比較二十二21～23。

67. 約十三21～30。

68. 約二十一1～14。

69. J. Duncan M. Derrett, 'Law in the New Testament: The Story of the Woman Taken in Adultery'.

70. R. E. Brown, *The Gospel according to John I-XII*, 334.

71. J. Jeremias, *The Parables of Jesus,* 228.

72. R. Schnackenburg, *The Gospel according to St John*, Vol. 2, 166.

73. T. W. Manson, 'The Pericope de Adultera (Joh 7^{53}-8^{11})'.

74. Ambrose, *Ep.* 26 (*PL* 16, col. 1089); Augustine, *Contra adversarium legis et prophetarum* I (*PL* 42, col. 630-631); Jerome, *Dial. contra Pelagianos* II (*PL* 23, col. 553). 這個觀點也是Jeremias所認同的, *Parables* (註71) 以及Schnackemburg, *Gospel* (註72)。

75. NRSV在這裏採用了Dahood的意見，認為希伯來文'*eretz*是指到那地下的世界；見'The Value of Ugaritic for Textual Criticism', 164～168。以上的傳統翻譯(是七十士譯本所支持的) 似乎是更加有可能。這兩個解釋的真正意思，都是十分相似，但它必須要提及「灰塵」或是「地下」，好使這段經文，與第四福音書的事件相關。

76. 許多古抄本沒有這一段，而且它的風格和字彙，也不是約翰典型的特色。有一個抄本將這段經文放在七36，有些Georgian抄本則把它放在七44之後。其他人將它放在福音書的最後面。

77. 太十一9//路七26。

78. 在約二十30及後，我們知道作者寫到關於神蹟*hina pisteu[s]ete hoti Iēsous estin ho Christos ho Huios tou Theou*(「要叫你們信耶穌是基督，是神的兒子。」) 括號中的[s]是顯示另一個不同時態的字眼。如果我們採用現在時態，就假設了福音書的作者，已經是基督徒。如果採用不定過去式是對的話，那麼他們**可能**是(不一定是) 非基督徒。鑑於約翰談及在其他地方的神蹟，他的目的更加有可能應該是，確認和發展信心，而不是要在未信的人心中創建信心。

79. 見第一章，4節及後。

80. 可一27。

附　錄

聖餐作為預示式戲劇

（大衛・斯泰西）

如果你花一些空餘的時間，回顧一些舊照片的時候，你可能會不自覺地，站在一個不舒適的立場，成為個歷史的評論家。這裏有一幀肥胖小男孩的照片。他的頭髮凌亂，長褲還未穿好，臉上沾滿果醬。他們似乎已經很遙遠了，但對你來說，是多麼的真實啊！你知道這位小男孩，長大之後會成為甚麼呢？他可能是學校裏面的獎牌得主，也可能是長期令父母擔心的人。他可能在某個專業當中，相當有競爭力，也可能是一位失業漢。你知道所有的歷史。當你看這些圖片的時候，你是不能不醒覺到這些歷史的。但照片是不會顯示這些歷史的。這些歷史是完全隱藏在未來裏面的，直至若干年之前，有人輕觸這個開關器。

這描述了歷史評論家的其中一個大問題。我們完全認識基督教會的歷史；我們完全認識基督教神學的發展；我們完全認識尼西亞信條(Nicaea)和迦克墩信條(Chalcedon)。但我們卻難於認清，馬可和保羅是完全不認識這些東西的。他們和所有的新約作者，對基督教歷史都是完全無知的。如果他們都知道基督教故事的話，以前所發生的事便會完全不一樣了。

1. 最後的晚餐

最後晚餐的記錄，是這個問題的至重要實例。對我們所有人來說，聖餐是我們基督徒經驗的一大部分。這是我們作為一個基督徒羣體存在的一部分。當然，它充滿了神學的信念、爭議和附加物。歷世歷代以來，這些信念、爭議和附加物令神學學者和聖餐禮儀學者感到樂於(或者有些時候是不情願的)讓它們繼續存留，所以被一直保留下來。但當耶穌在閣樓客房與門徒聚集在一起的時候，這一切都是隱藏在將來的。當門徒聚在一起吃最後晚餐的時候，他們的心中對最早期福音書作者和基督徒羣體所作的神學反省毫無認識，甚至連雛型也沒有。對門徒來說，這一頓晚餐是最後的晚餐，是他們一起吃的最後一餐。對我們來說，我們的聖餐禮儀提醒我們，這是第一頓晚餐。這頓晚餐在往後的世代中，在不同的處境下，要重複千百萬遍。直至今天，當我們重新修訂，教會的禮儀手冊的時候，它提醒我們，這頓晚餐仍然是我們今天的傳統中，一個重要的部分。

當我們研讀這段經文的時候，我認為這個事實是清楚可見的。事實上，福音書作者自己都知道一部分的。例如：馬可告訴我們，耶穌差兩個自己的門徒，去預備逾越節的晚餐。但在吃晚餐的時候，逾越節的概念消失了。經文的取材，多是來自馬可自己的基督徒羣體中的敬拜實踐，更甚於任何簡單的歷史性資料。馬可在這一點上面，好像在費勁地發出嘆息說：「每一個看到這一段的人，都會明白我的意思。」他們當然會明白的，因為他們每星期的敬拜裏面，都會重複這個活動。但馬可有否想過，當他這樣表達的時候，他是為耶穌和門徒在閣樓客房裏，真正做過的事情，蓋上了一幅面紗呢？門徒完全不知道馬可的教會的慣常活動，他們對這晚餐的理解，並不會受這些活動所影響。**我們**可能極之想知道，最初期的羣體是如何慶祝聖餐的。但在我們的腦海中，要將兩件事情分開。我們要把早期羣體的世界，與在閣樓客房裏面的故事分開。我們要研究經文中所顯示出的敬拜，同時也渴望要認識，在經文寫成之前所發生的事。特別是在這開創性的時刻，在第一次戲劇性的場合，並且是在真正的聖餐，還沒有在歷史中開展的時候。

在這一次的講論中，我會尋索第一個場合。我所採取的方法，不是用我們現在用的方法，從經文中追溯。雖然這是正規的方法，但這方法是相當困難的，因為正如我剛才指出，那些後期的解釋，如大山一般阻礙了這個進路。我採取的方法，是透過背景的研究，建構出一羣忠心的猶太人，與他們的領袖會面時的實際情況。並且他們會面時，是做甚麼的。毫無疑問，在閣樓客房裏面，有些獨特的事情會發生。有些事情，是不可以單單用背景來解釋的。然而，如果我們能夠從門徒在那個場合中，實在所分享的那種晚餐的處境來看的話，我們就更能欣賞這方面的元素。對於它準確的情況，我們充其量可以知道多少呢？這是一個十分困難的問題，但這個答案，必然可以解釋清楚，主的晚餐的真正本質。

當時確實的情況，證實是有兩方面意義的。第一方面的意義，關乎這頓晚餐作為一個猶太人的活動，它的性質是甚麼。第二方面的意義，關乎在這羣人的歷史當中，在耶穌與門徒的共同生活裏面，這頓晚餐的情況是怎樣的。在考慮他們在做甚麼和想甚麼的時候，我們都要考慮這兩方面。

每一羣有持續身分的羣體，都會快速地發展出自己的語言和持續的議程來。他們一次復一次的用膳，大家便形成了共識。假如，耶穌與門徒坐在那裏吃晚餐，但他們心中卻沒有這種持續性的議程，而耶穌擘餅的時候，也沒有設立這個象徵性含義，那麼，祂的說話「你們拿著吃，這是我的身體」，就只是在這個場合中才說的一句增補的話，對門徒或是其他人來說，力量都是很微薄的，但這**實際上是不可能有的**。惟有在熟悉的語言環境裏面，當新的意念可以被表達出來的時候，新的意念才可以產生。因此，我們要問的第一個問題是：「這種晚餐的一般擺設是怎樣的？門徒的期望是怎樣的？他們的心情是怎樣的？在這個場合當中，能夠令門徒明白的，合宜的談話是怎樣的？」我們可以從正面去回答，知道情況必然是會這樣。我們也可以從反面去回答，知道情況肯定不會這樣。我們先從反面開始。

從反面來看，如果我們假設耶穌與門徒談論一些，從來沒有在他們當中提及過的主題，這個假設是錯誤的。例如是：祂的身體是屬靈的食物；祂的血是罪的獻祭；祂的死亡是建立新約的起始的獻祭。讓我澄清，我完全沒有輕視這些聖餐的理解。我很確定這些理解是在很早期的時候已經形成了的，而且對今日的基督教信仰來說，是極之重要的。我只不過是說：這些概念並不屬於這頓晚餐的，因此，這些概念是在後期才想出來的，而不是從閣樓客房的說話和行動中，詳細的解釋出來的。當我們討論到耶穌的所講的說話，我們同樣可以總結到，祂不會說一些說話，引導門徒，為著這個「是」(to be) 的動詞，而激烈地作出哲學性的討論。雖然激烈的哲學性討論，必然會隨之而來。這頓晚餐並不是這種時刻，他們也不是這類人。

一個偉大的共同經驗，將要在這一刻結束，但一個社團卻已達到其高峯。我們可以期望，耶穌會回顧、突出祂講過的說話，和強調他們將來的責任，但不會有一系列新的啟示。因為在這個時刻分享新的啟示，門徒必定會覺得混亂。這個時刻是要滲透簡單的真理，澄清他們的關係中的基要的現實 。

現在我們來看正面的。這個處境必然會是怎樣的呢？我們肯定，耶穌是那一夥委身者的魅力領袖，將他們長久而深刻的關係，帶到一個有意義的結局，雖然這個結局似乎是悲劇性的。祂以所有猶太組織的領袖都可以用的方式來進行這行動，雖然，祂所做的會更多。祂所做的是一般的行動，但卻會提升這個行動。對祂和對這個時刻來說，這個行動都是獨特的。

2. 膳食的象徵意義

我想略為提及兩件事。第一，在希伯來文化當中，膳食(包括半正規的膳食)佔一個重要的位置。人們一起進食的方式，是所有人類學研究中的重要因素。因為共同進食甚少只是一種純粹中性的、沒有結構，和純粹是功能性的活動。一起進食的意思，是大家確認有一個共同的需要，並且一起參與在某些物質性的東西，以滿足這個需要。一起進食總會創造一種連結。我們可以合法地去問，這個連結的精確本質是甚麼。所以，在閣樓客房的晚餐，對耶穌和門徒來說，是一個重要的事件，不管祂在當中說過甚麼話，或者作過甚麼事。

讓我補充一句，如果我們能夠留意行動多於說話，這是很好的。因為在強烈的情緒之下，一個人不會說太多的話。他們會用最少的話，表達複雜的，屬於別人的意念，和其他處境的意念。但一個人必定會記得行動的，因為做過的事，是深刻在腦海中的，不需要經過安靜地和抽象地思想的。行動可以不經思考，就可以成就、經歷和被佔用。所以，我想集中在耶穌和門徒所做的事情，多過他們講過甚麼話。

第二方面，就是這篇文章的重點。我認為從預示式戲劇的角度，去思想這事件，有助於我們明白這事件。如果我們假設(我認為，我們可以這樣假設)，雖然祂比先知偉大許多，耶穌仍然被祂的門徒視為一個先知傳統中的人物，那麼，我們就有一把鑰匙，引導我們如何去明白祂的行動。祂是一位運用預示式戲劇的先知。換句話說，在舊約裏面，我們有所有的預示式戲劇的例子，作我們的引導。

現在，讓我們再深入探討這兩點。第一點，舊約中的猶太人敬拜，其主要特色是一頓飯，即*zebah s^elamin*，傳統上稱之為「平安祭」。這是最常做的一種猶太獻祭。在把血獻上給雅威之後，祭司也會得到他們的份。祭牲的屍體會歸還給那位敬拜者。他們會一起吃掉這祭牲，作為宗教筵席的一部分，將他們連繫在一起，也將他們平安地與神連繫在一起。逾越節這個偉大的家庭節慶，也常常是在一個類似的處境，和類似的目的下吃的一頓飯。無論是在復活之前，還是在復活之後，進餐也常常出現在耶穌的事工中。膳食的基本意思是：參與者之間，以及參與者與雅威之間，有一種親密無間及和好的關係。當然，膳食的形式會有差異，但是，在家中的普通正規的膳食，程序卻是差不多的。開始的時候，家庭中作父親的，會拿起餅來，向雅威祝謝。然後他會將它擘開，分給各位參與者。在膳食結束的時候，他可能會同樣地拿起一杯酒來，祝謝了，然後分給各人。

雖然有很多討論，是關於到底最後的晚餐，是否一個逾越節的晚餐，但這個課題仍然是未解決的。我們不可能被捲入這個討論的旋渦中，而且也沒有這個需要。無論這是否一個逾越節的晚餐，我剛才勾畫的研究程序應該都用得上。如果它是一個逾越節的晚餐，它當然會有額外的特色。然而，這個對我們來說，並不重要。如果它不是逾越節的晚餐，但它仍然是在逾越節節期當中的晚餐，參與者也應該帶著逾越節的心情。正如聖誕節的精神，也不只限於十二月二十五日。所以，無論這頓飯的精確性質是甚麼，它應該與逾越節的重要概念有關。我們稍後會再繼續探討這方面。

在這方面，我想提出一位研究員大衛．多布（David Daube）。他是著名的猶太人學者，因為他對擘餅的現象，曾經做了一個最詳細的研究。我認為，我們必須承認他的研究結果，是出於猶太教的核心。[1]多布集中在逾越節的一個元素中，就是擘開和分發一個無酵餅。這就是一個神祕的，而且是翻譯不出來的字眼，*afikoman* 所指到的無酵餅。這個字引起很多的討論。每個人都知道它的行動是甚麼，這些討論只是關於這個字的意思。多布說，這是一個希臘分詞的音譯，它的意思是「那位要來的」。換句話說，那個麵包首先是代表以色列，以及終末的以色列。然而，它也特別代表，藉那位將要來的彌賽亞式的人物，以色列人要團結一致。

甚少人完全認同多布，但我們很難認為，他是完全錯誤的。他主張，逾越節的分享裏面有彌賽亞的元素。如果他只有這個主張是正確的話，那麼，無論這頓飯是否逾越節的晚餐，這個主張與耶穌的話：「這是我的身體」，並非無關的了。門徒心裏面已經有這個想法，他們所分享的餅，是代表以色列人的，即是那個彌賽亞的羣體。現在，耶穌說：「這就是我。」更加令他們震驚的是：「我將我自己給了你們。」

3. 預示式戲劇

現在，我們暫時把這膳食的象徵符號放在一旁。我們思想耶穌，在預示式戲劇方面的一般表現。我沒有時間去爭持這個觀點：每一個人都把耶穌歸類為先知。但我認為這是一個合理的假設。在新約後期的基督論的斷言裏面，有許多其他的銜頭堆在祂的頭上。但那些來聽祂教導的羣眾，至少必然也視祂為新一類的先知式人物。可能也有人提出，耶穌有彌賽亞身分的想法。但這不一定就取代了，祂是一位先知性人物的身分，特別當耶穌似乎是，有一些先知式的行動，例如是：祂進入耶路撒冷，以及祂潔淨聖殿。所以，門徒很容易，把耶穌在閣樓客房的行動，視為先知式的行動。因此，我們必須要更深入探討，一般的先知式行動。

你們當中有些人知道，我們曾花了許多時間，在近期一本關於預示式戲劇的書中，嘗試解釋這個現象。[2]讓我先總結，我對預示式戲劇的理解。先知間中也會求助於戲劇性的行動，正如以賽亞赤裸行走；耶利米打碎他的瓶。這些行動通常都是很簡單和平凡。以西結卻有點不同，祂的預示式戲劇比較不簡單，而且是全面性地與其他先知有差異。通常這些行動都沒有細心的策劃，但這些行動，是每一天都經常重複，而且是刻意地使用，作為預示式的材料。例如是，每個孩子出生的時候，都要取名字的。但有一兩次，取名的儀式卻被提升，成為一個很特別的信息。將一件衣服包在某人身上，是一件很普通的承繼儀式，但是當以利亞將外袍披在以利沙身上的時候，他是賦與以利沙一個終身的呼召。這個行動的重點，不在於其複雜性，而是在於先知是刻意地和有目的地做的。簡單來說，這些行動是要實踐出來的。

這個行動也是在神聖的強制性之下實踐出來的。因為我們樂於分析方法，所以我們傾向強調神諭、行動和應驗之間的分別，但這是錯誤的。雅威發出了神諭，同時也要求行動，並且會使它應驗。這三部分都是同屬於一個屬靈的實體。在大部分的情況中，這個行動是他們所指出的，更大事件的縮影。打碎瓶子代表城市遭受破壞，每個人都會清楚知道這件事。三個元素是不需要同時發生的。這個行動可以伴隨著一個神諭，但也不一定是這樣。它可以代表自己說話。然而，這些行動往往是指向一件更大的事件，例如是城市的陷落，或是國家的覆亡。最簡單和平凡的動作，可以指出一個國際性範圍的災難。當中所有的元素，包括字句、行動，以及龐大的應驗，都是出自雅威的特別心意。

我們很容易假設，這個行動的目的是協助溝通，但事實上是更加複雜的。有些行動是比神諭更加難以理解的。

有些根本沒有任何文字上的解釋。較好的假設，就是這個字句、行動，以及應驗，全都是出於雅威的。當三個元素都同時出現的時候，它們在神聖的目的裏面，沒有一個元素是輔助其他元素的。

先知牽涉其他人的情況也很普遍，但往往在他們的戲劇性行動中，這些人是不知情的。耶利米在耶利米書三十五章中，使用了利甲全族的人，但利甲人完全不知道自己是如何被使用的。這個對行動的原意，是至為重要的。無論拉力是甚麼，他們都不會以自己的身分作出妥協。巴錄可能明白耶利米寫這古卷的動機，但何西阿和以賽亞的孩子們肯定完全不知道為何自己有一個精心製作的名字。然而，無論他們是知道，還是不知道，這些人全都牽涉在戲劇性的行動中。我們永遠不會知道，門徒在這個重要的時刻裏面，明白了甚麼，但他們卻牽涉在閣樓客房的戲劇中，而且他們實在是當中一個重要部分。

使用有形的物件，是預示式戲劇的慣常特徵。撒母耳的長袍、亞希亞的斗蓬，以及以利亞的斗蓬，全都是重要的，並且是以不同的方式應用出來。還有箭、石板瓦、圍腰布、軛、磚等等。所以，耶穌在閣樓客房使用餅，是完全與預示式戲劇的傳統一致的。為了達到戲劇的目的，先知通常會將這個物件，等同於其他的實體。耶利米的瓶子是代表耶路撒冷，他的圍腰布代表猶大的驕傲和優勢。在以西結書五章5節中，以西結束起的頭髮，**是**代表耶路撒冷。所以，在閣樓客房的方程式「這是我的身體」，是一點也不尋常的。為了達到戲劇的目的，餅是等同於耶穌這個人。

預示式戲劇的其中一個重要特色，就是模仿性的元素。耶利米背起一個軛，哈拿尼雅卻把它打碎、西底家造號角、以利亞將外袍披在以利沙身上、以賽亞赤身走路。在每個情況中，我們問這個問題都是合理的：「按著共有的累積知識，這個行動要指出甚麼呢？」「這個行動給旁觀者甚麼提示呢？」耶利米的軛是「行得通的」，因為軛是農奴所熟悉的象徵、號角是力量的象徵、以賽亞的赤裸也是一個被確認為羞辱的象徵。同樣，擘餅也是一個眾所周知的，相交和分享的象徵。在閣樓客房裏面，這是最重要的因素。但我們沒有對這個因素，給予應得的強調。

模仿的元素通常伴隨著一句解釋的說話。「我僕人以賽亞怎樣露身赤腳行走三年，……照樣，亞述王也必擄去埃及人……。」耶利米的瓶子也是一樣：「我要照樣打碎這民和這城。」在閣樓客房的記載中，也有同樣的方程式。我們不是常常有這些字句的方程式。但是如果有的話，我們可以合理地期望這些說話，是與行動中模仿的元素一致的，而且可以令這些行動更清楚。

總的來說，我們在樓上客房裏面，有一位被稱為先知的人物。在這個極度危機的時刻，祂做一些平凡的動作，是帶著神聖的催迫感的，也牽涉到其他人；祂使用有形的物件，那是一個明顯的模仿性元素，更有一句比解釋來得更加深刻的口述方程式。若把這些因素都加起來，門徒免不了會做一個總結：他們是參與在一個預示式戲劇的行動中。這會影響了他們對這事件的理解。

這些類同的地方，是閣樓客房事件作為一個預示式戲劇的特徵。如果是這樣的話，就引發起另一個問題：到底這個現象的另一個特色，有沒有出現呢？在舊約當中，沒有一個重大的預示式戲劇是獨立的，也沒有一個預示式戲劇是只限於小規模的個人或家庭應用的。每一個獨立的戲劇，都與某些更大的實體有關。通常這些實體都是大規模的。打破瓶子指到城市的沒落，負軛的意思是作整個國家的僕人，餘此類推。無論這個行動是多麼微小，它所指示的應驗是很重大的。

如果是這樣，我們必須要問：這個閣樓客房的戲劇，是否與一個更大的實體有關呢？耶穌作為一位先知，並非單單為祂的門徒做一個行動。祂是在代表一個神聖的活動。閣樓客房是其中必須的一部分，但它卻超越了這個客房，進入一個領域。而這個領域，是近似一個更偉大的實體，使它與其他的先知式行動，可以很容易地結合在一起。我的主張是：這個行動代表一個新羣體的創造和聯繫。這個羣體在樓上客房開始了，但透過行動的重複，這個羣體會以「基督的身體」，即是教會的形式，延伸至整個福音化的世界。

那麼，門徒如何回應，耶穌擘餅和分餅這個行動呢？如果他們的行動，是完全沒有被提升的話，他們的行動至少也代表了，一羣眾忠心的以色列人，在透過分享同一份食物，去鞏固他們友誼的關係。但當然，耶穌**做了**某些行動，也說了一些話。我們不知道實際上是甚麼話，但這段說話將耶穌等同於那個被擘開和被分享出去的餅。這個是用某種方式分給眾門徒。「這就是我。」在解釋這事件的時候，我們不是尋求一些小規模的個人意義，而是尋求一個大規模的意義。一塊餅被擘開之後，就從單數變為複數。但當它被吃下去之後，那一塊餅就進入了很多不同的人裏面。「這是我的身體」意思是說：「我將**我自己**分配給你們，好讓我的存在和活動，能夠在複數地延續下去，不單只在閣樓的客房中，而是更大規模地遍及全世界，貫穿於歷史之中。」

我剛才講過，不管它是否一頓逾越節晚餐，這頓飯必然是在逾越節的氣氛中進行的。這個氣氛是怎樣的呢？它如何影響門徒理解，在閣樓的客房的戲劇，並且如何影響他們運用這戲劇呢？這個行動，同時是一個回憶，也是一個盼望。以色列回顧過去出埃及的偉大拯救歷史，同時也前瞻彌賽亞時代，那個最終極的拯救。所以，我們理解耶穌的行動，是一個回顧過去和前瞻的行動，是戲劇化地表達，神在過去和將來的作為，而且牽涉門徒去參與一件職事。這職事已經完成了一部分，但仍有一部分，是擺在他們的面前的。

4. 酒

我想你們會奇怪，為何我要花這麼多的時間，談及餅和它的含義，而完全不提及酒。我是有一個很合理的原因，我們最好是稍後才探討它的。按著我們吃主的晚餐的經驗來說，餅和酒完全是平衡的。我們把它當作是同一樣的東西。這一點要追溯到早期基督教會羣體，因為在兩個最早期的見證，即是哥林多前書與馬可福音裏面，餅和酒是一起出現的。但這並不說，這個現象出現在閣樓客房那裏。正如我們曾說過，早期、馬可的資料的時期、保羅最初幾十年，以及**最早期**在樓上客房本身的情況，是十分不同的。

在閣樓客房裏面，關於酒的證據，是更加含糊不清的。所以，認為酒與餅的作用，是完全一樣的話，這是一個重大的困難。猶太人聚在一起，事前完全不作準備，冷靜地喝那等同於血的酒，這是一件不可思議的事。正如對餅的先存觀念，是意味著某種正面的東西，但對杯的先存觀念，一旦當它與血扯上關係的時候，卻是意味著某種十分有能力和負面的東西。整個猶太人的異教系統，使飲血成為可咒詛的行為。隨著時間的過去，經過很多的反省之後，猶太人顯然可以喝有這個含義的酒。然而，在新約不同的引用中的字眼，顯出這個概念已經成為習慣了。就如保羅在公元五十多年，寫信給哥林多教會的時候，他不會說：「這杯是我的血」，好像他說：「這餅是我的身體」一樣。保羅卻說：「這杯是用我〔耶穌〕的血所立的新約。」顯示這件事情，仍然需要小心處理。我們不可能相信，在樓上客房裏，門徒可以一下子，在完全沒有警示的時況下，接受這個杯。

聖餐的最早期的名稱，是在路加福音的「擘餅」。這裏顯示餅本來是有優先性的。在以馬忤斯的故事中，耶穌拿起餅來，向神祝謝擘開，革流巴與他的同伴才認出是耶穌。他沒有提及酒。復活的膳食，與早期教會的聖餐膳食有很多關連，它們全部都是吃的，而不是飲的。關於這個習俗，路加提供了一個較短版本，我們最少有一種閱讀這較短版本的方法，是可以局限這個戲劇，必須連繫於這一節關於餅的經文的。

酒可能是以不同的形式、不同的地方，以及不同的速度，進入主的晚餐當中的。它是在不久之後，無可避免地進入來的。猶太會堂的敵對，與外邦基督徒的出現，意味著猶太異教系統，在基督徒羣體當中，不久將失去其控制力。主的晚餐迅速地轉移到另一個處境，他們把酒當血來飲，並不是很大的問題。而且，酒本來就是代表血在祭牲身體流出來，而不是要飲血，這一點是毫無疑問的。任何基於進食的禮儀，很快就會引發起，另一個基於飲用的禮儀。當然它與耶穌的死很相近，而且酒容易代表祭牲，使到這個加插是無可避免和十分正面的。

我完全沒有意圖，要爭辯酒在主餐中的地位，或是貶低集中在獻祭的神學。我完全沒有這意圖。早期羣體的經驗和他們的反省，對我來說，都是一個新約的根基元素。

這些概念是合法的途徑，讓這些新生的羣體，可以作自我的解釋。我只不過是想表達，我們在追尋根源的時候，不應該忘記它的最根本的起始。我們必須區別，早期馬可、保羅，以及真正在樓上客房本身所發生的事。一個餅和酒都得到平衡的禮儀，與一個純粹是擘餅的事件，是要有區別的。這方面有點類似宇宙來源的問題。最初的幾毫秒，本身是有其重要性的，與以後接著來的幾千萬年是有分別的。

我的論點是，擘餅基本上並不涉及耶穌死亡的詮釋，它是涉及耶穌整個事奉和使命，即是集中在創立一個新的以色列。在哥林多前書十一章24節保羅說：「這是我的身體，是給你們的。」當然，一個身體不可以是「給你們」的，除非是有一些方式可以將它變成複數。所以，通常這句話會被加上一個分詞。最特別的是一個，是我們有時會用的「這是我的身體，為你們**擘開**的。」抄本的證據認為，這並不是原先有的。把這個分詞加插入去的人，是否熱衷於令經文，更加切合耶穌因暴力而致死亡的概念呢？他是否也同樣可能是，熱衷於強調基督身體的新複數化呢？我的意見認為，擘餅不是代表任何的暴力，它是代表複數化。基督的身體，並不是由主自己這個人作代表，而且是由那些，相信祂的和跟隨祂的人作代表的，所以餅要被擘開。我們在這裏接觸到，耶穌存在於地上的一個新媒介。首先是一個血肉的身體，然後是在信徒的身體裏面。前者是一個道成肉身的身體，要忍受著無必然會有限制，而後者的身體，是被信徒所分享的，在時間和空間裏面，擁有無限的延伸能力。

這是預示式舉動的一個簡單且可以自我證明的含義。它不需要長篇的解釋。那些門徒是第一批的接受者，他們會立刻清楚它的含義。這是一個共同存有的燦爛象徵。到了第四福音書的時候，它成為一個屬靈食物，但很肯定和清楚，這是代表了一個後期的反省。一小片的餅，是不足以充饑的。這不是代表不受限制的屬靈糧食的一個好象徵。但約翰對這個字的用法，只是另一個例子，說明初期教會透過重新解釋她的資料，作為解決她的問題的方法而已。第四福音書的作者的措施，是一個完全可被接納的措施。但他這樣使用這個字眼，是並不成功的。因為耶穌在閣樓客房，只單單說：「我在這裏，現在你們要共享，我在世上活躍的存在了。」

這個行動，意味著耶穌事工的自然延續。祂的宣講，全都是關於那要來的國度。在耶穌的事奉裏面，天國已經近了，但它的成全，還要等待最後完全的實現。在這個過渡期，教會就是基督的身體，福音要傳到萬國，為到盛大的高潮預備道路。閣樓客房是這個過程的開始，基督單一的身體，就可以藉此在歷史中，成為倍數的存有了。到今日仍是如此。無論主的晚餐還有甚麼其他含義，它的含義是我們嚥下這個餅的一小部分的時候，我們就是成為身體的一部分。這個身體是基督有形的存在，直到世界的末了。無論我們對於聖餐，還有甚麼其他的信念，如果我們不接受這一點，我們就是與閣樓客房脱節了。

5. 影響

這是一個循道衞理會的聚會，如果我不以幾點影響性的觀察，作為一個總結，似乎是不太適合的。我有很多東西可以分享，但我只分享四點：

首先，在我們慶祝主的晚餐時，如果我們不以一個單一的餅開始，然後在眾敬拜者面前清楚的擘開它，我們就是誤導人了。通常我們以為這是難以實行的，其實不然。它只需要一點的經驗和安排。

第二點，與其擔心如何處理，剩下來的餅的碎塊，我們不應該留下任何一塊。因為這塊餅是代表一個人，變成為複數，然後分享出來。所以，不應有任何剩餘的。再者，如果我們嘗試的話，這也是完全可以實行出來的。

第三點，我們很明顯是把主的晚餐，過分地看為一種個人的敬虔操守。聖餐成為了一種個人的(甚至差不多是私人的)門徒身分的行動。這是大大貶低了這個禮儀的基礎重點。在我們這些比較大的教會的堂會的結構中，我們要與一些很疏遠的人溝通，因為我們不認識他們。然而，這是我們所參與在當中的羣體。這一羣人就是基督的身體。我們想逃避它，卻是另一回事。

第四點，我們必須記得主的晚餐，有其普世性的意義。如果它能醫治我們私人的悲痛的話，那是好的。但先知們在做這個戲劇的時候，他們不是關心私人的悲痛。我們必須要相信，我們的主不單在閣樓客房裏，挑出彼得、安得烈、雅各和約翰來。在聖餐裏面，我們分享一個有普世性召命的身體，我們所承擔的責任，是到一個這樣的程度。毫無疑問，我們要令教會適切於現世代，在實踐上是有困難的。然而，毫無疑問，我們的召命，正是要這樣做。領受這個餅的含義，是我們與別人一起，成為基督在世上的身體，分享同一個責任，讓神於現代的世界中，與眾男女同在，就像耶穌在昔日加利利的範圍中所作的一樣。

當我分享的時候，我知道除了我在這裏提出的詮釋外，還有其他很多關於主的晚餐的詮釋。還有早期教會在最初有創意的數十年間，以及在其後的世紀中，所作出的詮釋。這些詮釋都不應該放棄的。在照片裏面的男孩子長大之後，很可能與現在所見到的，差別很大。他將來變成怎樣，與照片中所展現出來的，是同樣重要的。這張照片仍然是很有意義的，我們應該不時拿出來看看。聖餐的根源也是一樣，我們永遠不可以忽略它。我的主張是，無論是在新約時代，還是在後期的，所有關於認識聖餐的討論，都傾向將注意力轉離開，在閣樓客房的本身所發生的事情。我在這裏要提醒你們，原先的場合的情況。我希望見到原先的要旨，能夠得到恢復，並且可以被確認為，對我們今日是重要的。我相信把最後的晚餐，作為預示式戲劇來理解，是一個有把握的做法。

註釋：

1. David Daube, *He that Cometh;* 'The Significance of the Afikoman'，頁4及後；*Wine in the Bible*; Deborah Bleicher Carmichael, 'David Daube on the Eucharist and the Passover Seder'。
2. *Prophetic Drama in the Old Testament.*

參考書目

文本

Charlesworth, James H. *The Old Testament Pseudepigrapha,* Vol. 2. London: Darton, Longman & Todd, 1985.

Friedlander, Gerald. *Pirkê Rabbi Eliezer.* London: Kegan Paul, Trench & Trubner, 1916.

Siegert, F. *Drei hellenistisch-jüdische Predigten I.* WUNT 20. Tübingen: Mohr (Siebeck), 1980.

______, *Drei hellenistisch-jüdische Predigten II.* WUNT 61. Tübingen: Mohr (Siebeck), 1992.

Vermes, Geza. *The Dead Sea Scrolls in English.* 4th Edition. London: Penguin, 1995.

Josephus (10 vols). Loeb Classical Library. Cambridge MA: Harvard University Press / London: Heinemann, 1926～1965.

Philo (10 vols). Loeb Classical Library. Cambridge MA: Harvard University Press / London: Heinemann, 1929～1962.

現代著作

Ashton, John. *Studying John: Approaches to the Fourth Gospel.* Oxford: Clarendon Press, 1994.

______, *Understanding the Fourth Gospel.* Oxford: Clarendon Press, 1991.

Aune, D. E. *Prophecy in Early Christianity and the Ancient and Mediterranean World.* Grand Rapids: Eerdmans, 1983.

Bacon, B. W. 'What Was the Sign of Jonah?' *BW* 20, 1902, 99～112.

Barnett, P. W. 'The Jewish Sign Prophets —A.D. 40-70 —Their

Intentions and Origin', *NTS* 27, 1981, 679～697.

Barrett, C. K. *The Holy Spirit and the Gospel Tradition.* London: SPCK, 1947.

Bayer, Hans F. *Jesus' Predictions of Vindication and Resurrection.* WUNT Reihe 2, 20. Tübingen: Mohr (Siebeck), 1986.

Barton, John. *Oracles of God.* London: Darton, Longman & Todd, 1986.

Beck, Norman A. 'The Last Supper as an efficacious symbolic act', *JBL* 89, 1970, 192～198.

Bentzen, A. *King and Messiah.* English translation 2nd Edition. Oxford: Blackwell, 1970.

Betz, Otto. 'Miracles in the Writings of Flavius Josephus', 212～235 in *Josephus, Judaism and Christianity.* Edit. Louis H. Feldman and Gohei Horta. Leiden: Brill, 1987.

Black, Matthew. *An Aramaic Approach to the Gospels and Acts.* 3rd Edition. Oxford and New York: OUF, 1967.

Boismard, M.-É. *Moses or Jesus.* English translation. BETL 84A. Leuven: University Press / Uitgeverij Peeters, 1993.

Bowen, C. R. 'Was John the Baptist the Sign of Jonah?' *AJT* 20, 1916, 414～421.

Bowker, J. W. 'Prophetic Action and Sacramental Form', in *Studia Evangelica*, Vol. III, 129～137. Edit. F. L. Cross. Berlin: Akademie-Verlag, 1964.

Brown, Raymond E. *The Gospel according to John I-XII.* Anchor Bible Commentary. New York: Doubleday, 1966.

Carmichael, Deborah Bleicher. 'David Daube on the Eucharist and the Passover Seder', *JSNT* 42, 1991, 45～67.

Cheyne. 'John the Baptist', *Enc. Biblica* II, 1901, cols. 2498-2504.

Chow, Simon. *The Sign of Jonah Reconsidered: A Study of its Meaning in the Gospel Traditions.* Coniectanea Biblica New Testament Series 27. Stockholm: Almqvist & Wiksell

International, 1995.

Coakley, J. F. 'Jesus' Messianic Entry into Jerusalem (John 12: 12-19)', *JTS* NS 46, 1995, 461～482.

Dahood, M. 'The Value of Ugaritic for Textual Criticism', *Biblica* 40, 1959, 160～170.

Dalman, G. *Jesus-Joshua.* English translation. London: SPCK, 1929.

Dassmann, E. *Sündenvergebung durch Taufe, Busse und Martyrerfürbitte in den Zeugnissen frühchristlicher Frömmigkeit und Kunst.* Münsterische Beiträge zur Theologie 36. Munster: Aschendorff, 1973.

Daube, David. *He that Cometh.* London Diocesan Council, 1966.

______, 'The Significance of the Afikoman', in *Pointer,* the Quarterly Journal of the Union of Liberal and Progressive Synagogues, London, Spring 1968, 4f.

______, *Wine in the Bible.* London Diocesan Council, 1974.

Davies, Paul E. 'Jesus and the Role of the Prophet', *JBL* 64, 1945, 241～254.

Derrett, J. Duncan M. 'Law in the New Testament: The Story of the Woman Taken in Adultery', *NTS* 10, 1963, 1～26.

Dodd, C. H. 'Jesus as Teacher and Prophet', in *Mysterium Christi*, 53～66. Edit. G. K. A. Bell and Adolf Deissmann. London / New York / Toronto: Longmans, Green and Co., 1930.

Edwards, Richard A. *The Sign of Jonah.* Studies in Biblical Theology, Series 2, 18. London: SCM Press, 1971.

Evans, C. F. 'The Central Section of St. Luke's Gospel', in *Studies in the Gospels: Essays in memory of R. H. Lightfoot*, 37～53. Oxford: Blackwell, 1957, 37～53

Evans, Craig A. 'Jesus' Action in the Temple: Cleansing or Portent of Destruction?', *CBQ* 51, 1989, 237～270.

Feldman, Louis H. 'Prophets and Prophecy in Josephus', *JTS* NS 41, 1990, 386～422.

Fitzmyer, Joseph A. *The Gospel According to Luke X-XXIV*. Anchor Bible Commentary. New York: Doubleday, 1983.

Fortna, R. T. *The Gospel of Signs*. SNTS Monograph II. Cambridge: CUP, 1970.

______, 'Source and Redaction in the Fourth Gospel's Portrayal of Jesus' Signs', *JBL* 89, 1970, 151～166.

Fuller, R. H. *The Foundations of New Testament Christology*. London: Lutterworth Press, 1965.

Gibson, Jeffrey. 'Jesus' Refusal to Produce a "Sign" (Mk 8.11-13)', *JSNT* 38, 1990, 37～66.

Glasson, T. F. *Moses in the Fourth Gospel*. Studies in Biblical Theology 40. London: SCM Press, 1963.

Gordon, R. P. 'From Mari to Moses: Prophecy at Mari and in Ancient Israel', in *Of Prophets' Visions and the Wisdom of Sages*, 63～79. Edit. H. A. McKay and D. J. A. Clines. Sheffield: *JSOT* Supplement 162, 1993.

Gray, Rebecca. *Prophetic Figures in Late Second Temple Jewish Palestine: The Evidence from Josephus*. Oxford / New York: OUP, 1993.

Greenspahn, Frederick E. 'Why Prophecy Ceased', *JBL* 108, 1989, 37～49.

Hahn, Ferdinand. *The Titles of Jesus in Christology*. London: Lutterworth Press, 1969.

Harvey, A. E. *Jesus and the Constraints of History*. London: Duckworth, 1982.

Hill, David. 'Jesus and Josephus' "Messianic Prophets"', in *Text and Interpretation, Studies in the New Testament Presented to Matthew Black*, 43～54. Edit. Ernest Best and R. McL. Wilson. Cambridge: CUP, 1979.

Hooker, Morna D. 'Beginning from Moses and from all the Prophets', in *From Jesus to John, Essays on Jesus and New Testament Christology in Honour of Marinus de Jonge*, 216～230. Edit. M. C. de Boer. Sheffield: *JSNT* supplement 84,

1993.

______, *Continuity and Discontinuity.* London: Epworth, 1986.

______, *The Gospel according to St. Mark.* London: A & C Black, 1991.

______, 'The Johannine Prologue and the Messianic Secret', *NTS* 21, 1974, 40～58.

______, 'Traditions about the Temple in the Sayings of Jesus', *BJRL* 70, 1988, 7～19.

______, '"What Doest Thou Here, Elijah?" A Look at St Mark's Account of the Transfiguration', in *The Glory of Christ in the New Testament: Studies in Christology in Memory of George Bradford Caird*, 59～70. Edit. L. D. Hurst and N. T. Wright. Oxford: Clarendon, 1987.

Horsley, Richard A. '"Like One of the Prophets of Old" Two Types of Popular Prophets at the Time of Jesus', *CBQ* 47, 1985, 435～468.

______, 'Popular Prophetic Movements at the Time of Jesus: Their Principal Features and Social Origins', *JSNT* 26, 1986, 3～28.

Houston, W. 'What Did the Prophets Think They Were Doing? Speech Acts and Prophetic Discourse in the Old Testament', *Biblical Interpretation* I, 1993, 167～188.

Jeremias, J. ' Ιωνᾶς, *TDNT* III, 406～410.

______, *New Testament Theology*, Vol. I. London: SCM Press, 1971.

______, *The Parables of Jesus.* English translation. London: SCM Press, 1963.

______, 'This is My Body...', *ExpT* 83, 1972, 196～203.

Jonge, M. de. 'Jesus as Prophet and King in the Fourth Gospel', *Analecta Lovaniensia Biblica et Orientalia* V.7, *ETL* XLIX, 1973, 160～177.

Kinman, Brent R. *Jesus' Entry into Jerusalem.* AGAJU 28.

Leiden: Brill, 1995.

Kittel, G. and Friedrich, G. *Theological Dictionary of the New Testament.* English Translation by G. W. Bromiley. 10 volumes. Grand Rapids: Eerdmans, 1964～1976 (= *TDNT*).

Leivestad, R. 'Das Dogma von der Prophetenlosen Zeit', *NTS* 19, 1973, 288～299.

Linton, O. 'The Demand for a Sign from Heaven', *ST* 19, 1965, 112～129.

Lövestam, E. *Jesus and 'This Generation': A New Testament Study.* Coniectanea Biblica New Testament Series 25. Stockholm: Almquist and Wiksell International, 1995.

Macdonald, J. *The Theology of the Samaritans.* London: SCM Press, 1964.

Manson, T. W. 'The Pericope de Adultera (Joh *7.53-8.11)*', *ZNW* 44, 1952～1953, 255f.

Martyn, J. L. *History and Theology in the Fourth Gospel.* 2nd Edition. Nashville: Abingdon Press, 1979.

Meeks, Wayne A. *The Prophet-King. NT* Supplement 14. Leiden: Brill, 1967.

Michael, J. H. 'The Sign of John', *JTS* 21, 1919～1920, 146～159.

Mollat, D. 'Le Semeia Johannique', in *Sacra Pagina* 2. Edit. J. Coppens, A. Descamps and E. Massaux. BETL 12-13. Leuven: University Press / Uitgeverij Peeters, 1959.

Montgomery, J. A. *The Samaritans.* Philadelphia: John C. Winston, 1907.

Moxon, C. 'Τὸ σημεῖον' Ἰωνᾶς', *ExpT* 22, 1911, 566f.

Neusner, Jacob. 'What "the Rabbis" Thought: A Method and a Result. One Statement on Prophecy in Rabbinic Judaism', in *Pursuing the Text: Studies in Honor of Ben Zion Wacholder on the Occasion of his Seventieth Birthday.* Edit. John C. Reeves and John Kampen. JSOT Supplement 184, 1994, 303～320.

Nolland, John. *Luke 9:21-18:34.* Word Biblical Commentary.

Dallas: Word Books, 1993.

Overholt, T. W. 'The End of Prophecy: No Players without a Program', *JSOT* 42, 1988, 103～115.

Rawlinson, A. E. J. 'Corpus Christi', in *Mysterium Christi*, 225～244. Edit. G. K. A. Bell and Adolf Deissmann. London / New York / Toronto: Longmans, Green and Co., 1930.

Robinson, John A. T. *The Body: A Study in Pauline Theology.* Studies in Biblical Theology 5. London: SCM Press, 1952.

Sanders, E. P. *Jesus and Judaism.* London: SCM Press, 1985.

______, *The Historical Figure of Jesus.* London: SCM Press, 1993.

Schmiedel, P. W. 'John, Son of Zebedee', *Enc. Biblica* II, 1901, cols. 2503～2562.

Schmitt, Götz. 'Das Zeichen des Jona', *ZNTW* 69, 1978, 123～129.

Schnackenburg, R. *The Gospel according to St John,* Vol.2. English translation. London: Burns and Oates, 1980.

Schweizer, E. σῶμα, *TDNT* VII, 1024～1094.

Stacey, W. D. *Prophetic Drama in the Old Testament.* London: Epworth Press, 1990.

______, (David). *Isaiah 1-39.* London: Epworth Press, 1993.

______, (David). 'The Lord's Supper as Prophetic Drama: The A.S. Peake Lecture for 1993', *Epworth Review* 21, January 1994, 65～74.

Stanton, Graham N. 'Jesus of Nazareth: A Magician and a False Prophet Who Deceived God's People?', in *Jesus of Nazareth Lord and Christ.* Edit. J. B. Green and M. Turner (*FS* I. H. Marshall). Grand Rapids: Eerdmans, 1994.

Stuiber, A. *Refrigerium Interim: Die Vorstellungen vom Zwischenzustand und die frühchristliche Grabeskunst.* Theophaneia II. Bonn: Peter Hanstein, 1957.

Swetnam, J. 'Some Signs of Jonah', *Biblica* 68, 1987, 74～79.

Teeple, Howard M. *The Mosaic Eschatological Prophet. JBL*

Monograph 10, 1957.

Telford, William. *The Barren Temple and the Withered Tree. JSNT* Supplement 1. Sheffield, 1980.

Thiselton, Anthony C. 'The Supposed Power of Words in the Biblical Writings', *JTS* NS 25, 1974, 283～299.

Vermes, G. *Jesus the Jew.* London: Collins, 1973.

______, *The Religion of Jesus the Jew.* London: SCM Press, 1993.

Viberg, Åke. *Symbols of Law: A Contextual Analysis of Legal Symbolic Acts in the Old Testament.* Coniectanea Biblica Old Testament Series 34. Stockholm: Almqvist & Wiksell International, 1992.

Weeden, T. *Mark - Traditions in Conflict.* Philadelphia: Fortress Press, 1971.

Wright, N. T. *The New Testament and the People of God.* London: SPCK, 1992.

Young, Franklin W. 'Jesus the Prophet: A Re-examination', *JBL* 68, 1948, 285～299.

緊扣時代 服事教會

以文字傳揚基督真道

讀者意見表

衷心多謝你購買本社書籍。本社一直致力以出版事工服事教會，幫助信徒扎根於神的話語，促進靈命增長。為使我們的出版更能滿足你的需要，請填寫下列各項資料，並寄回或傳真予本社。

所購書籍：______

本書最吸引你的地方：
☐作者 ☐適切性 ☐文筆 ☐設計 ☐實用性
☐其他：______

購買本書地點：
☐基道書樓 ☐基督教書店 ☐非基督教書店

性別：☐男 ☐女 職業：______

信仰：☐基督徒 ☐非基督徒

年齡：☐ 16 歲或以下 ☐ 17～25 歲 ☐ 26～35 歲
☐ 36～55 歲 ☐ 56 歲或以上

學歷：☐中三或以下 ☐中五 ☐預科
☐大學 ☐研究院

☐我欲更多了解基道出版社的事工及考慮支持，請寄給我下列資料：
☐機構簡介 ☐新書資料 ☐基道會員通訊
☐《基道文字事工通訊》

姓名：______ 電話：______

地址：______

______

傳真：______ 電子郵件：______

其他意見：______

______

多謝賜教！

意見表可以傳真（2687-0281）或直接郵寄以下地址：
香港沙田火炭坳背灣街26號富騰工業中心1011室
基道出版社編輯部收